AF288473

Religion ist Weite

**Für Jugendliche, Eltern und alle,
die sich fragen, was Religion heute noch soll.**

Maria Wolf

Religion ist Weite

**Für Jugendliche, Eltern und alle,
die sich fragen, was Religion heute noch soll.**

Bibliografische Information der Deutschen Nationalbibliothek:
Die Deutsche Nationalbibliothek verzeichnet diese Publikation in
der Deutschen Nationalbibliografie; detaillierte bibliografische
Daten sind im Internet über http://dnb.dnb.de abrufbar.

© 2023 Maria Wolf
Herstellung und Verlag:
BoD – Books on Demand, Norderstedt

ISBN: 9783757802233

Widmung

Diese Schrift ist meinen beiden Kindern
Ada und Leonardo gewidmet

Inhaltsverzeichnis

Vorwort (2023)

1999 verfasste ich diese Schrift (für Kinder und junge Erwachsene) mit dem Titel „Religion ist Weite". Da mir vieles noch heute aktuell erscheint, habe ich mich entschlossen, diese kleine Schrift (mit nur sehr kleinen Änderungen) beim BoD-Verlag zu veröffentlichen.

Heute gibt es in Deutschland viele Menschen, die keine sehr genauen Vorstellungen mehr haben, worum es in Religionen überhaupt geht, sie empfinden Religion als eine überholte Weltanschauung, mit der man sich nicht mehr befassen muss.

Dieses kleine Büchlein möchte leicht verständlich aufzeigen, worum es in Religionen geht.

Es ist kein Text, der die Lehren der Religionen umfassend erklärt. Dazu gibt es reichlich Literatur. Es geht darum, den inneren Kern des Religiösen aufzuzeigen, und warum wir die Religionen auch heute noch brauchen (sofern sie nicht missbräuchlich eingeengt werden und erstarren), da sie Offenheit, Weite, Geborgenheit und unverkrampfte Mitmenschlichkeit vermitteln können.

Als ich 1999 die Texte schrieb, stand ich dem Christentum etwas kritisch gegenüber, war eher hingezogen zum Buddhismus. Doch heute erkenne ich auch die Tiefe des Christentums neu. Ich meine, dass diese Texte von 1999 trotzdem auch das Christentum als wertvolle Religion darstellen.

Der Titel „Religion ist Weite" ist sprachlich nicht ganz korrekt. Korrekt müsste es heißen: „Religionen können zu innerer Weite führen" (sofern sie nicht der Gefahr der Verengung und Erstarrung unterliegen). Ich wählte den kurzen Titel 1999 bewusst als Gegenbild zu der sich ausbreitenden Meinung, Religionen seien grundsätzlich enge und überholte Vorstellungen. Denn diese Sichtweise sieht nur die Oberfläche und nicht das Tiefgründige, nicht mit reinen Worten Erfassbare.

Maria Wolf - München, 05. Januar 2023

Kurzes Vorwort (1999)

Dies ist der Versuch einer Mutter, den Sinn von Religionen mit einfachen Worten für Kinder und junge Erwachsene zu erklären. Besonders wurden berücksichtigt: Christentum und Buddhismus.

Meine beiden Kinder (4 und 7) begegnen Christentum. Buddhismus und Atheismus. Das ergibt langsam einige Fragen. Einmal, um mir selbst klar zu werden, zum anderen, um für Kinder und auch für junge Erwachsene angemessene Antworten zu finden, habe ich diesen Text verfasst.

Ich hin mir aber klar darüber, dass der Text teilweise für Kinder und manchmal sogar für junge Erwachsene zu schwierig ist. Dafür ist er vielleicht auch für manchen Erwachsenen interessant.

Ich habe aber auch festgestellt, dass Kinder und junge Erwachsene oft für recht tiefgründige Erklärungen aufgeschlossener sind als Erwachsene. Sie haben noch nicht so viel fest geformte Bilder, die sie daran hindern, Dinge zu verstehen, die nicht in den vorgefertigten Kanon des Erwachsenen-Verständnisses passen. So sind sie offener und weiter und haben so einen leichteren Zugang zur Weite des Religiösen. Man sollte sie daher nicht mit oberflächlichen religiösen Bildern abspeisen, sondern es ist wirklich der Mühe wert, ihnen auch Einblicke in tiefere Ebenen anzubieten.

Leider gibt es meines Wissens wenig religionsübergreifende Literatur in dieser Hinsicht für Kinder und junge Erwachsene, so dass ich mich veranlasst sah, diesen Text zu verfassen. Er mag einige Vereinfachungen enthalten, die nicht ganz richtig sind. Würde ich aber immer ganz korrekt die Ansichten der verschiedenen Religionen erörtern, so ginge der Blick fürs Ganze und fürs Wesentliche verloren. Wer sich interessiert, kann sich ja weiter informieren, und dann die Feinheiten und kleineren Unterschiede herausfinden. Hier geht es um eine Darstellung des Religiösen an sich. Dabei versuche ich wachzurufen, was jeder in sich selbst spüren und nachvollziehen kann.

Ich habe auch öfters vorsichtig erkennen lassen, welches meine ganz persönliche Meinung ist, um zu ermutigen, auch in Sachen Religion, eine eigene Meinung zu entwickeln, und nicht einfach ungefragt alles zu übernehmen.

Wichtig erscheint es mir heute auch, etwas näher zu erklären, warum viele Menschen gar keiner Religion mehr angehören wollen, denn die Kinder und jungen Erwachsenen leben unter diesen Menschen. Meiner Ansicht nach wäre es falsch, einfach zu sagen, diese Leute sind böse oder zu dumm und faul, um die Religion zu verstehen. Die Kinder und jungen Erwachsenen würden sehr bald merken, dass dies nicht ganz stimmen kann. Daher ist es besser, sie schon früh auch mit der problematischen Seite der Religionen vertraut zu machen. Denn nur aus einer ehrlichen Auseinandersetzung mit Religion kann einmal ein tiefer Glaube oder weise Erkenntnis wachsen.

Maria Wolf
München, den 24.09.1999

Was ist eigentlich eine Religion?

Es gibt in dieser Welt nicht nur die Dinge die man anfassen, sehen oder hören kannst. Es gibt etwas, das in allem, was ist, lebt. Es ist gut, geheimnisvoll, ohne Ende, ohne Begrenzung, nicht mit Worten zu beschreiben und uns ganz nahe, ja sogar in uns. Obwohl es nicht zum Anfassen ist, ist es wirklicher und wichtiger als alles andere. Es verbindet uns alle, es ist, als würde es in uns allen gemeinsam atmen und dadurch uns das Leben geben.

Jeder kann es in sich spüren. Viele Menschen ahnen es, wenn sie etwas sehr Schönes sehen, oder Weite verspüren, z.B. bei einem Blick in die Ferne von einem Berggipfel, bei einem Sonnenuntergang in der Natur, beim Anblick eines klaren Sternenhimmels, bei einem Lichtstrahl, der, aus der Ferne kommend ein Gesicht oder einen Gegenstand lautlos umspielt, beim ewigen Rhythmus der Meereswellen, beim Klang von Glocken, den die Luft über die Weite zu uns trägt oder beim Anblick einer still in der Dunkelheit brennenden Kerze. Ich denke, auch ihr empfindet solche Momente manchmal als etwas Besonderes, auch wenn ihr vielleicht noch nicht darüber nachdenkt. Ihr fühlt euch einfach wohl, ruhig, friedlich, frei und zugleich geborgen. Ihr fühlt, es gibt etwas Gutes, etwas das andauert und Sinn gibt. Ihr habt freundliche Gefühle gegenüber den anderen Menschen und spürt, das ist richtig so. Ihr spürt, diese Gefühle sind tiefer, als andere Gefühle, die ihr in der Hektik des Alltags erlebt.

Ich kann spüren, was da ist, ist unendlich weit und offen, und wenn ich nicht versuche, es mit einem engen Wort einzusperren, dann kann ich es auch immer wieder in mir und in allem spüren. Das Herz wird weit und warm und voll Freude.

Immer wieder haben Menschen dies gefühlt und waren glücklich und voll Freude darüber. Und sie wollten anderen Menschen davon erzählen, ihre Freude mit ihnen teilen. Und so haben sie verschiedene Wege gefunden, wie sie dies alles, was eigentlich gar nicht mit Worten erklärt werden kann, wie sie dies doch anderen Menschen erzählen konnten. Sie erzählten es in Bildern und Geschichten, die, wenn man sie sich wirklich vorstellt, vielmehr erzählen können als nur die Worte, mit denen sie geschrieben wurden. Diese Geschichten bewegten das Herz, machten es weit und gut. Sie nahmen die Angst und schenkten Vertrauen, dass im Grunde alles gut ist, wie es ist.

Diese Geschichten erzählten auch davon, wie die Welt wirklich ist, wie und warum sie so wurde wie sie jetzt ist. Sie erklärten, wie die richtige Weise sei, um so zu leben, dass wir eine Freude und ein inneres Glück erleben können, das niemand und nichts zerstören kann, und wie wir diese Freude und dieses Glück auch anderen schenken können. Sie erzählen von Menschen, die ein Leben geführt haben, das ganz mit diesem Geheimnisvollen in und um uns verbunden war, die sich auch voll Hingabe bemühten, diesen Geist den anderen Menschen erkennbar zu machen, und die ein großes Vorbild in der Liebe zu anderen Menschen und Wesen waren.

Es wurden verschiedene Dinge eingeführt, die man tun konnte, um all dies Geheimnisvolle stark fühlen, erleben und verstehen zu können. So gibt es z.B. Gebete, Andachten, Gottesdienste, Wallfahrten, Rituale (in denen bestimmte Dinge nach genau festgelegten Vorschriften ausgeführt werden, und das was getan wird, hat immer eine besondere Bedeutung), Tänze, Meditationen (in denen man ganz still wird und dann ganz weit und so achtsam auf einmal vieles spürt und erfährt, was man sonst in dem schnell gelebten normalen Alltag übersieht und überhört), Retreats (in denen man viel Zeit hat, über wichtige Dinge nachzudenken, weit zu werden, sich zu öffnen), Belehrungen (in denen Menschen, die das Geheimnisvolle schon klar erkannt haben, anderen Menschen zeigen, wie auch sie es besser erkennen können).

Aber es gibt schon lange ganz verschiedene Menschen in ganz verschiedenen Ländern. Und obwohl im Innersten alle Menschen etwas Gleiches haben, sind sie äußerlich doch sehr verschieden und haben auch ganz verschiedene Dinge erlebt. So kommt es, dass in verschiedenen Teilen der Erde das Geheimnisvolle, das in uns allen wirkt, in ganz verschiedenen Bildern erzählt und gefeiert wird. Dort, wo diese Bilder für eine größere Gruppe von Menschen die gleichen sind, da nennt man diese Bilder und alles Dazugehörige (wie Gottesdienste, Gebete, Rituale, usw.) eine Religion.

Für alle, die das Geheimnisvolle, Wunderbare sehr deutlich spüren konnten, war dies ein sehr tiefes Erlebnis. Manche glaubten nun, ihr Weg sei der einzige, der zu so einem tiefen, wahren Erlebnis führen konnte. Sie konnten sich einfach nicht vorstellen, dass es auch andere Wege gab. So gibt es Religionen (wie z.B. das Christentum oder der Islam), die sagen, nur sie sind die einzigen, die wirklich die richtigen Bilder, den richtigen Glauben haben, alle anderen Religionen sind ein bisschen falsch und können nicht die ganze Wahrheit zeigen. Es gibt aber auch Religionen, wie den Hinduismus und den Buddhismus, die ihre eigenen religiösen Bilder haben, aber die trotzdem andere religiöse Bilder auch für sehr gut halten.

Es ist sehr schwer zu sagen, ob alle Religionen von dem gleichen allgegenwärtigen Geheimnis sprechen oder von verschiedenen, da das Geheimnisvolle ja nicht genau mit Worten genannt werden kann, und die Bilder nicht so einfach zu vergleichen sind.

Früher war es für die meisten Menschen einfacher als für uns heute. Dort, wo sie lebten, gab es meist nur eine Religion, und zu der fühlten sie sich dazu gehörig. Aber heute sind sich die Menschen aus allen Teilen der Erde durch Fernsehen, Reisen usw. näher gekommen. Dadurch können wir die Bilder, Lehren und Gewohnheiten ganz verschiedener Religionen genauer kennen lernen. Und wir müssen uns selber überlegen, wie wir die anderen Religionen finden. Denn es kann passieren, dass z.B. ein Freund oder eine Freundin sich zu einer anderen Religion gehörig fühlt, als wir (oder auch gar keine Religion will, was heute auch sehr oft vorkommt).

Deshalb ist es wichtig, dass wir uns die Bilder der verschiedenen Religionen und ihre Bedeutung genauer anschauen, damit wir die anderen besser verstehen, und auch für uns selber entdecken können, welche Religion uns am tiefsten anspricht.

Warum lachen mich manche Menschen aus, wenn ich ihnen von meiner Religion erzähle?

Wenn ich anderen erzähle, dass ich an einen Gott, Allah, an die Buddha-Natur oder sonst etwas Nicht-Sichtbares Großes glaube, dann kann es passieren, dass die anderen spöttisch zu lachen anfangen. Sie sagen vielleicht, dass es nicht der richtige Glauben ist, dass es der falsche Gott, der falsche Geist, das falsche Geheimnis ist. Oder sie sagen (heute öfters der Fall), es gibt überhaupt nichts Göttliches, nichts Geistig-spirituelles, nichts wirklich Geheimnisvolles, das sei alles nur Lüge und Erfindung.

Wenn ich aber schon Gottes, Allahs oder eines Buddhas Nähe oder einfach das Geheimnisvolle wundervoll Großartige in mir gespürt habe - wer kann es mir wegnehmen? Was ich zutiefst in mir spüre, ist wahr. Keiner kann sagen, dass es nicht wahr ist, denn ich spüre es, nicht der andere. Möglich, dass der andere noch nie gemerkt hat, dass man so etwas spüren, fühlen kann. Vielleicht versteht er auch ähnliche Gefühle, die er hat, einfach nicht, weiß nicht, was sie bedeuten, wie er sie nennen könnte. Und deshalb versteht er auch dich nicht. Oder der andere ist mit Menschen aufgewachsen, die gelernt haben, nur ihre Religion ist die einzige richtige, und das haben sie ihm weiter gelernt, da sie nie anderes gehört haben.

In Ländern, in denen seit vielen Jahrhunderten das Christentum die wichtigste Religion war, gibt es jetzt viele Menschen, die nicht mehr glauben wollen oder können, dass es überhaupt etwas Geheimnisvolles gibt. Daran sind leider auch zu einem guten Teil die Männer mit daran schuld, die die anderen Menschen in der christlichen Religion unterrichtet haben. Sie haben von vielen Dingen gesagt, dass sie so und so seien, und haben gedroht, wer das nicht glaube, der gehöre nicht zum christlichen Glauben. Erst viel zu spät haben sie oft ihre Fehler zugegeben. So glaubte man früher, dass sich die Sonne um die Erde drehe. Dann fand man aber heraus, dass sich die Erde um die Sonne dreht. Die christlichen Kirchenmänner aber drohten, dass man das nicht sagen darf, sonst käme man nach dem Tod in die schreckliche, ewige Hölle. Erst als es ganz klar wurde, dass die Erde sich wirklich um die Sonne dreht, gaben auch die christlichen Kirchenmänner nach. So war es in mehreren Dingen.

Viele Menschen können auch nicht an eine ewige Hölle glauben, und sie haben das Gefühl, die Kirchenmänner drohen nur mit ihr, um zu erreichen, was sie wollen. Und die Kirchenmänner sagen, man muss gut zu anderen Menschen sein, man muss sie lieben. Aber die Kirchenmänner taten nicht immer, was sie von anderen verlangten. So haben sie in einer Zeit, als vor etwa 150 Jahren manche Menschen sehr reich wurden, weil sie arme Menschen so viel arbeiten ließen, dass diese ganz krank davon wurden, da haben viele Kirchenmänner gesagt, dass Gott schon wissen werde, warum er die Armen so leiden lasse. Und viele haben mehr den Reichen als den Armen geholfen. Das war nicht richtig.

Deshalb gibt es jetzt viele Menschen, die glauben gar nichts mehr von dem, was religiöse Menschen sagen. Sie denken: Es haben so viele Dinge nicht gestimmt, wieso sollen wir ihnen glauben, dass es einen Gott oder ein Geheimnis gibt. Wir glauben nur noch, was wir sehen, hören und anfassen können. Dafür brauchen sie keine Angst mehr zu haben, wenn Kirchenmänner drohen: wenn ihr das oder jenes sagt oder tut, kommt ihr in die Hölle! Aber die Welt dieser Menschen ist ärmer geworden, scheinbar ohne Geheimnis, ohne Vertrauen in die Weite und Offenheit der Welt, die so viel wunderbares Nicht-sichtbares enthält. Auch Kirchenmänner sind Menschen und machen viele Fehler. Das heißt aber nicht, dass die ganze Religion, die sie vertreten, falsch ist. Die tiefste Wahrheit wird nicht erschüttert, wenn Menschen Fehler machen oder sie zeitweise nicht ganz richtig verstehen.

Es gibt heute auch viele Menschen, die glauben nur das sei wirklich, was die Wissenschaft beweisen kann. Auch unsere Gefühle z.B. seien nur chemisch-physikalische Wechselwirkungen. Es stimmt. Gefühle sind auch - aber nicht nur - chemisch-physikalische Wechselwirkungen. Aber was heißt das? Heute erleben wir, dass die Physik immer rätselhafter wird, immer geheimnisvoller. Anstatt dass wir immer deutlicher verstehen, wie unsere Welt ist, anstatt dessen gibt es immer mehr neue Fragen, immer mehr Dinge, die wir gar nicht mehr so einfach erklären können (z.B. in Quantenphysik. Chaostheorie, Elementar-teilchenphysik, Astronomie). Und auf einmal werden die Physik-Wissenschaftler fast wieder religiös. Manche finden sogar Antworten auf physikalische Fragen in der Religion (besonders in asiatischen Religionen: Buddhismus, Hinduismus u.a.). Wer also sagt, die Wissenschaften hätten bewiesen, dass es keinen Gott oder keinen Geist gibt oder braucht, der kennt nicht die neue Art der Wissenschaften.

Es gibt auch heute einfach viel mehr Menschen, die ehrlich zugeben, dass sie nicht verstehen, was die Religionen meinen, und das ist viel besser, als wenn sie so tun würden, als verstünden sie alles und in Wirklichkeit machen sie nur äußerlich nach, was ihnen die Kirchenmänner oder andere Lehrer der Religionen vorschreiben. Menschen, die das Wesentliche einer Religion verstanden haben, haben übrigens auch einmal den Mut, sich dem zu widersetzen, was Lehrer der Religion oder Priester oder Meister ihnen vorschreiben - nämlich wenn sie aus ihrem Inneren heraus erkennen, dass das falsch ist. Aber es gehört viel Mut dazu.

Wenn euch also jemand auslacht, weil ihr einer Religion glaubt, dann braucht ihr euch deswegen nicht in eurem Glauben stören zu lassen. Es wird allerdings in vielen Fällen besser sein, wenn ihr keine langen Streit-Gespräche anfangt - besonders gegenüber Erwachsenen werdet ihr da wahrscheinlich schwer mit Worten erklären können, was euch vom Glauben überzeugt. Hört einfach still auf euer inneres Erleben und vertraut darauf, dass es wahr ist.

Viel Erwachsene haben es auch verlernt, in Stille in sich hineinzuhören, und daher können sie gar nicht mehr verstehen, wovon ihr vielleicht gerade mit ihnen geredet habt. Vielleicht haben sie sogar Angst vor dem Geheimnisvollen, da sie schon lange keine Zeit mehr hatten, darauf zu achten. Dann erscheint das Geheimnisvolle auf einmal fremd und unheimlich, obwohl es in Wirklichkeit großartig und wunderbar ist.

Aber wenn ihr z.B. einmal erlebt habt, dass ihr im Inneren bei einem Gebet oder bei der Anrufung der Buddhas eine Antwort gespürt habt, wenn euch geholfen wurde - wie kann dann jemand anderes behaupten, das sei nicht wahr. Von Dingen, die man ganz in seinem Inneren erlebt, kann kein anderer sagen, dass sie nicht wahr sind.

Viele Menschen nehmen heute nur noch das Berechenbare ernst, das was man immer wieder überprüfen kann, das, was, wenn man es 10 mal macht, auch 10 mal das gleiche Ergebnis bringt. So funktioniert heute unsere Technik perfekt. Aber es gibt sehr, sehr viele Dinge, die sind nicht berechenbar, die laufen nicht jedes mal genau gleich ab (das zeigt z.B. die Chaosforschung). Für diese Dinge sind inzwischen viele Menschen schon zum Teil blind. Religiöses Erleben ist aber auch deswegen so lebendig, wärmt und weitet das Herz, weil es nicht berechenbar ist. Es ist und bleibt geheimnisvoll.

Was ist für die Religionen wichtig?

Zuerst einmal ist ihnen wichtig, den Menschen zu zeigen, dass es etwas Großartiges, Wunderbares gibt, das man zwar nicht auf normale Weise sehen, hören oder berühren kann, das aber wichtiger und wahrer ist, als das äußerlich Sichtbare.

Beschrieben wird es in den verschiedenen Religionen auf verschiedene Weise. Die christliche Religion z.B. nennt es Gott, der auf drei verschiedene Weisen sich zeigt: als Gott Vater, der die Welt geschaffen hat, als Gott Sohn, der für uns Menschen als Mensch auf die Erde gekommen ist und als Gott Heiliger Geist, der überall ist und wirkt. Der Heilige Geist entspricht vielleicht von allen drei christlichen Gottesbildern am ehesten den buddhistischen Vorstellungen. Im Buddhismus gibt es keinen einzelnen Gott. Alle Wesen aber besitzen Buddha-Natur, die man auch als etwas Göttliches, Heiliges bezeichnen kann.

In Religionen wie dem Christentum oder dem Buddhismus wird gezeigt, dass das, was man direkt sehen, hören, anfassen kann, nicht das Wichtigste in der Welt ist, dass es nicht für immer besteht, dass es sich verändert und auch vergeht. Wichtig ist das, was für das "Innere" in uns sichtbar ist, der Heilige Geist, der in allem steckt oder die Buddha-Natur, die jedes Wesen in sich trägt.

Wichtig ist auch, dass das religiöse wunderbare Geheimnis alles betrifft, was ist. Es ist allumfassend.

So sagt man vom christlichen Gott (und von Allah, dem Gott des Islams und Jahwe, dem Judengott, ganz ähnlich), dass er die ganze Welt erschaffen hat und dass sein Geist überall wirkt. Es gibt nicht Teile der Welt, die ohne ihn wurden, oder in denen sein Geist nicht wirksam ist. Eine Ausnahme bildet hier vielleicht die Hölle, die zwar auch von Gott geschaffen wurde, in der aber - so sagt das Christentum - die Menschen von Gott ganz getrennt sind. Ich kann mir nicht vorstellen, dass dies überhaupt möglich ist, da es bedeutet, dass zwei für immer völlig getrennte Welten bestehen (das ist aber meine eigene Ansicht, nicht die der christlichen Kirchenmänner).

Der Buddhismus sieht in allen Wesen die Buddha-Natur verborgen - auch in den Wesen, die für lange Zeit (aber nicht unbedingt ewig) in der Hölle leben müssen. Und außerdem umgibt uns eine Einheit, der wir alle angehören. Es gibt viele, viele verschiedene Dinge und Wesen (dich und mich, deine Eltern, Freunde, Lehrer, die Tiere und die Pflanzen, die Steine und den Sand, das Wasser und die Luft, das Feuer und die Sterne, usw.). Sie alle verändern sich früher oder später, vergehen und bilden sich neu. Nichts bleibt ewig, das Alte bringt das Neue hervor und verändert sich dabei. Aber alles gehört zusammen, ist eigentlich Ausdruck des einen Geistes. Es ist nicht schlimm, dass etwas vergeht, das Neue ist anders und doch zugleich wieder das selbe wie das Vorhergehende. Alles ist nur Teil des großen Geheimnisses. Die Buddhisten nennen es die "wahre oder letztendliche Natur des Geistes" oder auch "Leerheit". Warum das große Geheimnis als Leerheit bezeichnet wird, ist nicht einfach zu verstehen, ihr solltet euch darüber erst mal noch nicht den Kopf zerbrechen - wichtig: es ist keine tote, starre Leerheit, sondern eine lichtvolle, glückselige. Vielleicht kommt ihr der Vorstellung näher, wenn ihr an unendliche Weite denkt, eine Weite, die alles enthält was ist und die trotzdem großzügig Raum hat für alle Veränderungen. Es geht darum, was hinter all den Veränderungen, die wir dauernd erleben, steht, was ewig ist und bleibt, was alles beinhaltet und umfasst.

In gewisser Weise sehen auch Naturreligionen (das sind die Religionen, die wir bei Menschen finden, die noch ganz einfach und natürlich ohne viel Technik leben. z.B. früher viele amerikanische

17

Ureinwohner oder Afrikaner oder australische Aborigines) alles von Geist und Geheimnisvollem durchwirkt. Aber sie sehen auch in Pflanzen, Tieren und Bergen, Steinen und Wasser usw. das Geheimnisvolle. Sie beschreiben verschiedene Seiten des wirkenden Geistes mit verschiedenen Göttern und Geistern, aber ich denke, sie spüren auch dahinter ein alles erfüllendes Geheimnis. Von ihnen könnten wir wieder lernen, dass eine Pflanze nicht nur eine chemische Zusammensetzung hat, dass ein Tier nicht nur ein Fleischlieferant ist usw.. Wir könnten von den Naturreligionen wieder lernen, dass alles was ist auch einen Geist, einen Charakter, ein Wesen hat.

Wichtig ist für die Religionen auch, dass das wunderbare, allumfassende Geheimnis letzten Endes gut ist. Wir Menschen sind es, die sich gegen den Lauf der Dinge stellen wollen, die wir unseren Platz im Ganzen nicht annehmen wollen, die wir nicht die Zusammenhänge erkennen können, und die wir daher zeitweilig leiden müssen. Das Gesamte, von der Ewigkeit und dem Allumfassenden her betrachtet (und nicht von kleinen Ausschnitten) ist gut (das Christentum allerdings kennt auch das ewig Böse: den Teufel oder Satan und seine Hölle - doch sind wir dem Bösen nicht ausgeliefert, sondern können uns dagegen entscheiden). Es entsteht das Vertrauen: So wie es ist, ist es in Ordnung, ist es gut. Das nimmt mir die tiefsten Ängste. Denn auch, wenn es mir einmal schlecht geht, wenn alles schief geht, ich nicht mehr verstehe, was richtig sein soll, ich keinen Ausweg mehr sehe - so weiß ich doch, das ist nur meine kleine Welt, die Gesamtheit bleibt unverändert gut, und es wird für mich auch wieder die Zeit kommen, an der ich meinen Anteil an der größeren guten Ordnung haben werde - wenn manchmal vielleicht auch erst nach meinem Tod, den ich aber deswegen nicht selbst herbeiführen sollte, da das Leben, selbst wenn wir viel leiden, etwas sehr Kostbares ist.

Auch dies ist ein wichtiger Punkt bei den Religionen: Sie möchten die Angst nehmen, vor dem, was nach dem Tod kommt. Für die Religionen ist nach dem Tod nicht einfach alles aus, sondern es gibt ein Weiterbestehen, das aber je nach Religion verschieden beschrieben wird.

Im Christentum z.B. kann man entweder in den Himmel, in das

Fegefeuer oder die Hölle kommen. Das Fegefeuer ist voll Leiden, aber es ist nicht ewig und irgendwann gelangt man dann doch in den Himmel, in dem man ewig voll Glückseligkeit ist und Gott nahe. Auch die christliche Hölle ist ewig, voll schlimmsten Leiden und fern von Gott. Sie soll sein eine ewige Strafe für Menschen, die in ihrem Erdenleben sehr sehr böse waren. Ob es so viel Bosheit überhaupt bei einem Menschen gibt, dass er eine ewige Strafe verdient, bezweifle ich persönlich.

Im Buddhismus (und Hinduismus) glaubt man, dass man nach dem Tode wieder neu geboren wird. Und je nachdem, ob man in den vorhergehenden Leben ein gutes oder ein schlechtes Leben geführt hat, je nachdem fällt die Wiedergeburt aus. Hat man ein schlechtes Leben geführt, so wird man dort wiedergeboren, wo man viel leiden muss (am schlimmsten ist die Hölle, aber sie ist nicht ewig und die Buddhisten hoffen, dass irgendwann einmal alle Wesen aus der Hölle und auch von allen anderen Leiden befreit sein werden). Hat man ein gutes Leben geführt, wird man in eine gute Umgebung wiedergeboren. Wenn man ein sehr gutes Leben gelebt hat, und Erleuchtung gefunden hat (d.h. das Geheimnis zutiefst erkannt hat), dann wird man nicht wiedergeboren, sondern geht in einen Zustand ewiger Glückseligkeit ein, in dem es keine Trennung in "dies und das, ich und du, gestern und heute, aufgeregte Freude und Leid", usw. mehr gibt, sondern nur noch großzügige, gelassene, ruhige, friedvolle, tiefe, erleuchtete Weite (es gibt allerdings erleuchtete Menschen, die freiwillig wiedergeboren werden, aus Mitgefühl, um uns zu helfen).

Bedeutend ist für die Religionen auch, wie wir unser Leben führen. Sie geben mehr oder weniger strenge Regeln vor, wie wir ein gutes Leben führen können, damit wir schließlich die ewige Glückseligkeit erlangen können.

Da die Welt letzten Endes ein Ganzes ist, geht es bei wichtigen Dingen nicht um uns allein, sondern um das Ganze. D.h. wenn wir ein gutes Leben führen wollen, eines das Gott gefällt, oder buddhistisch gesagt, eines das unserer inneren Buddha-Natur entspricht, so muss dies ein Leben sein, das alle Wesen berücksichtigt, ein Leben, in dem wir nicht nur an unser Wohlergehen denken, sondern an das aller Wesen.

Gemeinsam ist fast allen Religionen. dass sie verlangen, dass wir andere Menschen, denen es schlecht geht, helfen und dass wir anderen nicht böswillig schaden. Es gibt allerdings Unterschiede, wie dies aussehen soll und wie die religiösen Lehrer glauben, dass man ein guter Mensch werden kann.

In der christlichen Religion (ebenso im Islam und der jüdischen Religion - diese drei Religionen haben den gleichen Anfang, sind also in vielen Dingen ähnlich) wird sehr viel Wert auf Vertrauen gelegt. Man muss den Lehren des Christentums, das durch die Kirchenmänner verkündet wird, vertrauen, sie glauben. Dieses Vertrauen, dieser Glaube, dass Gott uns Menschen liebt und für uns sorgt, nimmt unsere tiefen Ängste. Und da wir oft aus Angst zu anderen Menschen böse sind, fällt es uns durch unseren Glauben an Gottes Liebe, an Gottes Gut-sein, leichter, auch gut zu anderen Menschen zu sein, sie zu lieben.

Das wichtigste Gebot (= Vorschrift. Regel) in der christlichen Religion neben der Liebe zu Gott, ist es, dass wir die Nächsten (d.h. unsere Mitmenschen) so lieben sollen wie uns selbst (wobei oft vergessen wurde, dass es heißt: " wie uns selbst", oft wurde verlangt, dass wir nur die anderen lieben, was falsch ist, denn wenn wir uns selbst nicht mögen, können wir auch die anderen nicht wirklich lieben). Daneben gibt es noch weitere Gebote, die uns sagen, was wir nicht tun dürfen, wenn wir so leben wollen, wie Gott es wünscht, z.B. nicht lügen, nicht stehlen, nicht töten.

Wie Liebe zu den Nächsten auszusehen hat, wird nicht genauer gesagt. Das wäre auch sehr schwierig, denn es gibt ganz verschiedene Situationen, in denen Liebe ganz verschieden aussehen kann. Z.B. kann eine liebende Mutter ihrem Kind viel verbieten, weil sie weiß, dass ihr Kind immer sehr leichtsinnig ist, eine andere Mutter lässt ihr Kind alles machen, weil sie weiß, dass ihr Kind sehr vorsichtig ist. Oder ein Kind will in einem Geschäft eine Spielsache. Die eine liebende Mutter kauft es, weil sie weiß, ihr Kind will nicht so oft etwas und freut sich über diese eine Sache wirklich, die andere liebende Mutter kauft es ihrem Kind nicht, da sie weiß, ihr Kind will alles haben, was es sieht, egal, ob es dies wirklich braucht, und es ist wichtig für das Kind, dass es lernt, dass man nicht alles haben kann und nicht alles braucht.

Das Christentum sieht den Menschen als von Geburt an mit Bösen behaftet an. Der Gottessohn Jesus Christus hat den Menschen durch seinen freiwilligen Opfertod am Kreuz von diesem Ur-Bösen befreit, und es heißt, jeder Mensch kann diese Befreiung durch Taufe erfahren, ein Ritual, das die Reinwaschung vom Ur-Bösen bedeutet und die Hinwendung zum Glauben. Das heißt aber nicht, dass der Mensch sich nicht wieder dem Bösen zuwenden kann. Aber wenn er das Böse dann ehrlich bereut (im katholischen Christentum verbunden mit einer Beichte, d.h. er erzählt es einem Priester), ist er wieder rein.

Im Christentum wird erwartet, dass man, wenn man gut sein will, auch erkennen kann, was gut und schlecht ist. Vielleicht stimmt das auch, wenn man ganz tiefes Vertrauen in Gott und seine Liebe, sein Gutsein hat. Aber wenn ich dieses Vertrauen noch nicht habe - und heutzutage ist das auch gar nicht leicht, denn jeder von uns ist von vielen Menschen umgehen, die nicht glauben können, die dieses Vertrauen nicht haben - wenn ich also dieses Vertrauen, diesen Glauben noch nicht habe, dann kann es schwierig werden, den Weg zu erkennen, wie ich ein guter Mensch sein kann.

Hier kann der Buddhismus, besonders der Mahayana-Buddhismus helfen. Auch der Buddhismus will, dass wir zu unseren Mitmenschen - und anders als im Christentum - auch zu allen anderen Wesen, wie z.B. zu den Tieren, gut sind. Im Buddhismus heißt es nicht Nächstenliebe sondern Mitgefühl. Aber der Buddhismus geht nicht davon aus, dass das alles so einfach gelingt. Wie im Christentum, müssen wir selbst den ersten Entschluss fassen, gut werden zu wollen. Der Buddhismus bietet aber dann, wenn wir uns dazu entschlossen haben, viele Hilfen an. Denn der Buddhismus ist davon überzeugt, dass der Mensch im Innersten immer gut ist, und nur durch sein Unwissen erkennt er es nicht und schafft es nicht wirklich, gut zu leben.

Der Buddhismus versucht uns klar zu machen, dass alle Wesen sind wie ich selbst - sie wollen kein Leid erleben und Glück erfahren. Wir sind also alle im Innersten gleich und so alle miteinander durch den gleichen Geist verbunden. Der Irrtum, mit dem die

21

meisten Menschen leben ist nach der buddhistischen Lehre der, dass wir trennen: ich und du, meins und deins, wenn's dir gut geht, geht's mir vielleicht schlecht, wenn du viel bekommst, bekomme ich vielleicht wenig. Wir erkennen nicht, dass wir alle dem einen Geist angehören, und dass wir nur glückselig werden können, wenn wir dies für alle Wesen wünschen. Aber wir verstehen das nicht, obwohl sich unser Innerstes danach sehnt, so zu fühlen und zu handeln. Wir sind voll Angst um uns selbst, besorgt, dass wir zu wenig bekommen, neidisch, gierig und voll Hass, wenn wir meinen, zu kurz zu kommen. Immer besorgt um uns selbst, vergessen wir, uns zu öffnen, die Weite des Geistes in uns einzulassen. Es gibt im Buddhismus viele verschiedene Mittel, um uns klar zu machen, dass alles zusammengehört, dass wir Mitgefühl für alle Wesen brauchen, dass wir mit ihnen die Weite des Geistes in unserem Inneren teilen. Der Buddhismus ist geduldig, er lässt den Menschen viel Zeit auf ihrem Weg zum Erkennen, viele Leben lang. Solange die ernste Absicht besteht, zur Erkenntnis, zur Erleuchtung zu gelangen, wird der Weg immer weiterführen.

Das Vertrauen, der Glaube an den christlichen Gott können, wenn sie sehr tief sind, ziemlich schnell zu innerer Weite und Ganzheit, zu innerem Frieden und Glückseligkeit führen. Aber der Glaube kann möglicherweise von außen erschüttert und zerstört werden. Der Weg des Buddhismus zu Weite und Glückseligkeit ist viel langwieriger und schwieriger. Aber jemand, der auf diesem Weg die Erkenntnis erreicht hat, ist nicht mehr so schnell zu verwirren.

Ich selbst glaube, Buddhismus und Christentum müssen sich nicht widersprechen. Es sind verschiedene Wege zum gleichen Ziel: Erkenntnis der Ganzheit, der Liebe, des Mitgefühls, der Weite. Im einzelnen allerdings gibt es Widersprüche, manches Einzelne ist vielleicht in der einen oder anderen Religion nicht ganz richtig. Aber vieles ist einfach nur mit anderen Bildern beschrieben, auf anderen Wegen geschaut. Ich glaube, in einer Zeit, in der wir alle so nahe zusammen sind, und Menschen, die andere Religionen als unsere vertreten, kennen lernen - in so einer Zeit wird es sehr wichtig zu verstehen, was das wichtigste Gemeinsame der Religionen ist, und es so zu beschreiben, dass es Menschen, die verschiedenen Religionen vertrauen, auch erkennen können. Von diesem Grund-Verstehen aus kann man dann auch viel besser und friedvoller die weniger wichtigen, aber sehr wohl bestehenden Unterschiede erkennen.

Götter und Religionsstifter, Liebe und Mitgefühl

In den Religionen ist immer wieder von Göttern oder einem Gott oder gottähnlichen Gestalten die Rede. Sie verfügen normalerweise über Kräfte und Fähigkeiten, die den Menschen nicht zugänglich sind. Götter stehen deshalb oft für übermenschliche Kräfte (oder Kräfte die im Menschen im Innersten verborgen sind). Sie können bestimmte Eigenarten verkörpern: Götter für den Mut, Götter für die Fruchtbarkeit oder heilende Götter, die Menschen beim Gesundwerden helfen usw..

In Religionen, die nur einen Gott kennen (Christentum, Judentum, Islam) ist Gott der Schöpfer der Welt, d.h. durch ihn ist die Welt entstanden, sein Wille war es, dass die Welt entsteht und sein Wille geschah. Ich denke, man könnte den Schöpfergott auch das "Ja" zur Welt nennen - da war das "Ja" zur Welt und sie wurde. Und dieses "Ja" ist in uns spürbar als Wille zu leben und als Gefühl von "Sinn".

Der christliche Gott ist "dreieinig", d.h. er ist einer und trotzdem aus 3 Teilen bestehend. Das ist etwas schwer zu verstehen. Die drei sind: Gott Vater, Gott Sohn und Gott Heiliger Geist. Gott Vater ist der Schöpfergott, das "Ja" zur Welt. Die Menschen aber spürten nicht nur sein "Ja" in sich, sondern auch das "Nein" des Bösen. Um das "Ja" Gottes deutlich vorzuleben und neu ganz zu erfüllen kam Gott auch als Mensch auf die Erde, als Sohn Gottes, als Jesus Christus. Jesus Christus lebte das "Ja" als reine Liebe und reines Mitgefühl Gottes. Er war ganz für die Menschen da, für alle, auch für die Armen, Kranken und Schwachen. Mehr und mehr Menschen begannen ihn für diese Hingabe zu bewundern und zu lieben. Das machte die Mächtigen von damals eifersüchtig und so fanden sie einen Grund, Jesus Christus zu Tode zu verurteilen. Er wurde gefangen, verspottet und ans Kreuz genagelt, wo er starb. Aber Jesus Christus war reine Liebe, reines Mitgefühl, und diese können nicht sterben, sie vergehen nicht, sie sind ewig. Und so ist Jesus Christus nach drei Tagen aus dem Grab wieder auferstanden, und sein Geist ist seither immer bei uns. Menschen, die bereit sind, sich auch heute seiner Liebe zu öffnen, können diese seine Liebe in sich spüren und erleben. So hat das "Ja" der Liebe und des Mitgefühls sich stärker erwiesen und hat das "Nein" des Bösen überwunden. Der Heilige Geist ist die umfassende Anwesenheit des "Ja" und der Liebe in allem was ist.

So hat der eine christliche Gott verschiedene Seiten, die verschieden genannt werden (Gott Vater, Sohn und Heiliger Geist). Im Christentum, Islam und Judentum wird immer sehr deutlich betont, dass es nur einen einzigen Gott gibt. Im Buddhismus dagegen gibt es viele Götter und Buddhas, sie betonen aber nur Aspekte des einen Geistes. Und vielleicht kann man das in anderen Religionen (Hinduismus. Naturreligionen, Heidentum, griechische Götter u.a.) auch aus diesem Blickwinkel sehen. Heute wird eingeteilt in Religionen mit einem Gott (Christentum, Judentum, Islam) und Religionen mit vielen Göttern. Ich bin mir nicht sicher, ob das wirklich ein wesentlicher Unterschied ist. Wenn Gott oder die Götter sowieso eigentlich jenseits unserer logischen Vorstellungskraft liegen - wo ist dann der große Unterschied, ob es einen Gott der verschiedene Seiten hat (Schöpfer-Gott, Gott der Liebe, Gott der Gerechtigkeit, usw.) gibt, oder eine Göttergemeinschaft, die diese verschiedenen Seiten beschreibt. Auch diese Göttergemeinschaft bildet insgesamt eine Darstellung des Göttlichen an sich.

Ein aufs erste wesentlicherer Unterschied zwischen z.B. Christentum und Buddhismus scheint es mir zu sein, dass das Christentum Gott als etwas vom Menschen Getrenntes darstellt, während der Buddhismus das Wunderbare, den Geist in allem sieht, auch im Menschen. Alle Menschen und Wesen haben nach Ansicht des Buddhismus Buddha-Natur, d.h. quasi sie sind Teil des Geistes, sind selbst Geist. Und dies könnte man auch so beschreiben, dass alle Wesen Anteil am Göttlichen haben - auch wenn dies oft schwer sichtbar und erkennbar ist. Aber ganz so anders ist es im Christentum auch nicht: Gott ist mit seinem Geist auch in allem gegenwärtig und Gottes Liebe schafft eine Verbindung. Christus sagt sogar, dass er in jedem Nächsten ist, der in Not ist, der z.B. Hunger oder Durst hat und um Nahrung oder Wasser bittet. So wird der Unterschied schon geringer. Was bleibt: im Buddhismus gibt es den Geist, der in allem ist, aber es gibt nicht die Vorstellung, dass außerhalb noch etwas ist, denn im Buddhismus ist aller letzten Ende alles Eins. Im Christentum aber ist Gott zwar überall und allgegenwärtig, aber trotzdem besteht die Vorstellung, dass auch außerhalb noch Gott existiert, dass er also nicht vollkommen in dieser Welt enthalten ist. Es bleibt also immer eine gewisse Zweiseitigkeit (Dualität): Gott und die Welt.

Einen weiteren Unterschied macht die Frage nach der Entstehung der Welt. Im christlichen Glauben hat Gott die Welt gemacht, er ist ihr Schöpfer. Er war vor ihr da. Im Buddhismus gibt es keinen Anfang der Welt, alles entsteht aus Ursachen und Wirkungen, es gibt nichts was vor einem bestimmten Anfang war, oder zumindest ist es unmöglich, darüber etwas zu sagen. Diese Vorstellung ist vielleicht schwerer zu verstehen. Aber wenn wir in Bereiche der "letzten Dinge" vorstoßen, dann sehen wir immer wieder Widersprüche, Paradoxien, Dinge, die in unserer normalen Welt so nicht vorstellbar sind. Aber das heißt nicht, dass dies nicht so sein kann, denn unser einfaches logisches Denken begreift nur einen Teil der Welt, ein sehr wichtiger Teil wird der einfachen Logik immer "versteckt" bleiben.

Die religiösen Vorstellungen haben sich entweder in der Tradition entwickelt, d.h. sie wurden seit sehr langer Zeit von einer Generation zur anderen weitergegeben, oder sie wurden von einer bestimmten Person "verkündet".

Das Christentum wurde von Jesus Christus verkündet. Er gilt als der Sohn Gottes und er erklärte den Menschen, was sein Vater, der Schöpfer Gott, von ihnen erwartete. Aber Jesus Christus war nicht nur da, um zu reden - dass er gekommen war, war auch ein Zeichen für die Menschen, dass Gott die Menschen liebte, dass er ihnen nahe sein wollte, ihr Leben mit ihnen teilen wollte. Und Jesus Christus lebte auch vor, wie ein guter Mensch leben kann, wie er Liebe und Mitgefühl zeigen kann. Und sein Leben wurde ein Zeichen dafür, dass göttliche Liebe, dass der Geist des Mitgefühls nicht durch den Tod vernichtet werden kann. Jesus Christus wird wieder lebendig und zwar auch mit seinem Körper, nicht nur sein Geist, so jedenfalls sagt es die offizielle Kirche. Die Frage ist allerdings, was ist eigentlich unser Körper, gibt es einen wirklich dauerhaft uns gehörenden Körper. Das ist aber eine sehr schwierige Frage, die Antwort erscheint zwar zuerst deutlich: "ja", aber dieses "ja" ist nicht ganz so sicher richtig, wie es auf den ersten Blick scheint. Das ist allerdings zu schwierig, um es hier zu erklären. Nur ganz kurz sei hier erwähnt, dass die Teilchenphysik das kleinste Teilchen sucht, aber sie findet immer wieder, dass die scheinbar kleinsten Teilchen wieder aus viel kleineren Teilchen bestehen, mit viel leerem Raum dazwischen, und diese kleineren Teilchen bestehen aus noch kleineren und so fort. Auch vom Licht weiß man nicht so recht: besteht es aus Teilchen oder sind es Wellen (Quantenphysik) - es scheint von uns als Beobachter abzuhängen, also von unserem Geist, ob sich das Licht als Teilchen oder Welle zeigt. Auch die buddhistische Lehre stellt das Körperliche in Frage.

Auf jeden Fall bezeichnet auch die christliche Kirche unsere diese Welt (das Diesseits) als vergänglich, als etwas Vorübergehendes, an dem man gar nicht so sehr hängen darf. Für sie gibt es eine weitere andere Welt (das Jenseits), in die wir nach dem Tod eingehen. Die diesseitige Welt ist voll des Leides und auch die Freuden dauern meist nicht allzu lange, die Jenseitige Welt ist aufgeteilt in Himmel und Hölle, Hölle ist ewiges Leid, Himmel ewige Freude (Fegefeuer ist vorübergehendes Leid als Strafe für Sünden). Und im Himmel warten Gott Vater, Sohn und Heiliger Geist und alle guten oder auch von ihren Sünden gereinigten Verstorbenen auf uns. Jesus Christus hat den Weg dafür für die Christen bereitet. Aber wie weit dort alles so körperlich ist, wie wir hier auf Erden, das ist schwer zu sagen.

Der Buddhismus wurde von Buddha Sakyamuni begründet. Die Legende sagt, er wurde als Prinz geboren und als solcher verwöhnt. Aber eines Tages sah er in der Stadt Leid: Armut, Krankheit, Alter. Er war schockiert und begann Wege zu suchen, wie man das Leiden vermeiden könne. Er lebte allein, er aß und trank nicht mehr, aber auch das machte ihn nicht glücklich. Schließlich hörte er mit diesen harten Übungen auf, lebte einfach und ruhig unter einem Baum. Auf einmal wurde er "erleuchtet", er erfuhr große, dauerhafte Glückseligkeit und verstand, mit welchen Mitteln man Leiden beenden kann. Eine Weile nach der Erleuchtung begann er andere zu lehren, und so wurde der Buddhismus begründet und breitete sich aus. Von Buddha sagt man nun, er sei erleuchtet, aber nicht, er sei Gottes Sohn. Man sagt auch, alle Menschen haben eine Buddha-Natur in sich, nur können sie diese aus Unwissenheit nicht erkennen. Die Unwissenheit ist letzten Endes auch die Ursache für alles Leiden, denn aus Unwissenheit nehmen wir unser körperliches Dasein zu wichtig und es verleitet uns dazu, zu sehr an Dingen und anderen Menschen zu hängen. Wenn wir aber unsere Gier, unseren Hass und unsere Unwissenheit überwinden können, dann – so sagt die buddhistische Lehre - erscheint unsere Buddha-Natur und wir können auch zur Erleuchtung gelangen (der Weg dorthin ist aber lange und erfordert viel ernsthaftes Wollen). So ist bei Buddha Sakyamuni nur das klar sichtbar geworden, was eigentlich in uns allen wohnt. Während Jesus Christus also als alleiniger Menschengott bezeichnet wird, so ist Buddha Sakyamuni eigentlich ein Mensch wie wir alle, nur dass bei ihm die Buddha-Natur rein und klar zu erkennen ist. Vielleicht kann man die Buddha-Natur auch als göttlichen Geist bezeichnen. Wie groß die Unterschiede zwischen Buddha und Jesus Christus wirklich sind, darüber kann man durchaus unterschiedlicher Meinung sein.

Jesus Christus und Buddha Sakyamuni sind sich sehr ähnlich in ihrer Liebe zu allen Menschen und in ihrem Mitgefühl. Beide sind gegen Gier und Hass, beide leben ein einfaches, bescheidenes Leben und sind für die anderen Menschen da. Für sie ist nur wichtig, was anderen hilft. Ihr Leben steht vollkommen im Dienst für die anderen. Aber nicht nur besondere einzelne Menschen, z.B. ihre Freunde, sind wichtig, sondern jeder einzelne Mensch. Und mit ihrer Lehre und ihrem vorbildhaften Leben zeigen sie auch Menschen, die in späteren Zeiten leben, wie ein wahrhaftiges, ein wirklich gutes Leben aussieht.

Bei Jesus Christus ist auch wichtig, dass er für unsere Sünden und Fehler gelitten hat, dass er verspottet und gekreuzigt wurde. Das ist bei Buddha Sakyamuni nicht so deutlich, aber auch im Buddhismus, besonders im Mahayana-Buddhismus, z.B. im tibetischen Buddhismus ist das Mitgefühl ganz wichtig, und es gibt auch viele Buddhisten, die bereit sind, das Leid anderer Menschen auf sich zu nehmen. Sowohl bei Jesus Christus als auch bei Buddha gilt, dass das Aufgeben eigener Vorteile und das Nicht-festhalten an egoistischen Interessen und die völlige Hingabe an andere Menschen zu einer Befreiung, zu einer Vereinigung mit dem göttlichen Geist, mit dem Erleuchtungsgeist führt.

Insofern geht es sowohl bei Jesus Christus als auch bei Buddha um eine Öffnung, die zu einer Ganzheit führt, die alle und alles in Liebe und Mitgefühl einschließt. Wäre nicht die Einmaligkeit Jesu Christi und sein Gottsein, man könnte ihn fast als einen Buddha ansehen.

Naturreligionen

Über andere Religionen schreibe ich wenig, weil ich sie nicht so gut kenne. Auch die Naturreligionen können viel Wahrheit enthalten, können den göttlichen Geist um und in uns und in allem um uns herum zeigen. Aber Naturreligionen gibt es sehr viele und sie wurden nicht aufgeschrieben von den Leuten, die sie wussten, denn die Naturvölker haben keine Schrift, haben nicht Schreiben gelernt. Deshalb sind sie nicht dümmer, sie wissen dafür andere wichtige Dinge und man sollte ihr Wissen auch sehr ernst nehmen. Heute werden die meisten Naturvölker missioniert, d.h. es kommen Christen oder Mohammedaner (Islam) und erklären ihnen, dass sie ihre alten Religionen vergessen sollen, und dass sie eben Christen oder Mohammedaner werden sollen. Traurig ist es, dass dabei ganz viele Naturreligionen einfach vergessen werden, weil keiner mehr ihr Wissen weitergibt. Man wird vielleicht leider meist viel zu spät verstehen, welcher Schatz an Wissen und Wahrheit hier verborgen ist.

Die Naturreligionen haben auch viel Wissen darüber, wie alles in der Natur zusammenhängt und zusammenwirkt. Für sie ist auch die Natur göttlich und geheimnisvoll. Wir haben das fast vergessen und benutzen die Natur wie eine einfache Maschine, und so zerstören wir sie. Aber wir leben noch alle von der Natur, ohne Pflanzen und Tiere müssten wir verhungern, ohne Pflanzen wäre auch unsere Luft zu schlecht zum Atmen, das Wasser wäre ohne kleine Organismen, die es immer wieder reinigen, sehr schmutzig. Lange Zeit haben wir gedacht. dass wir, die wir die ganze neue Technik und all die Maschinen und Computer erfunden haben, dass wir mehr verstünden von der Natur und der Welt als die Naturvölker. Es zeigt sich aber immer mehr, dass es sehr viele Bereiche gibt, in denen die Naturvölker klüger und weiser sind.

Leben nach dem Tod, die Natur des Geistes

Die meisten Religionen versuchen zu erklären, was im und nach dem Tod geschieht.

Nach den Vorstellungen des Christentums geht die Seele des Menschen nach dem Tod entweder in die Hölle (wenn er sehr böse war) oder für eine Weile ins Fegefeuer (wenn er nur ein bisschen böse war) oder in den Himmel (wenn er sehr gut war oder wenn er vorher lange genug im Fegefeuer war oder alles vor dem Tod bereut hat). Die Hölle ist ein Ort voller Qualen und Leiden, es brennt ein heißes Feuer dort (das ist eine bildliche Vorstellung, die nicht genau genommen werden muss) und die Menschen-Seelen sind ganz weit weg von Gott und wissen, dass sich dies nie mehr ändern wird. Das Fegefeuer ist auch leidvoll, aber es hat ein Ende, es reinigt von den Sünden (als ob das Feuer alles Schlechte verbrennen und zum Guten verwandeln würde). Im Himmel sind die Seelen glückselig und voll Freude und immer Gott nahe, was sie glücklich macht. Im Himmel bleiben die Seelen der Gestorbenen gerne für immer. Und sie sind auch wieder zusammen mit geliebten Menschen, die schon vor ihnen gestorben waren. Manche glauben, aus dem Himmel können die Seelen alles sehen, was bei uns auf der Erde vor sich geht und sie können uns vielleicht sogar helfen. Heute glauben das aber immer weniger Menschen (was nicht heißt, dass es deswegen nicht stimmt). Bisweilen glauben aber auch Menschen, die sonst gar nicht an Gott glauben, dass auch nach dem Tode der Verstorbene noch irgendwie anwesend ist, weil sie es einfach so spüren, sie spüren, dass ein geliebter Mensch, der gestorben ist, ihnen nahe ist.

Im Buddhismus sind die Vorstellungen anders. Zuerst einmal hat man nicht nur ein einzelnes Leben. Wenn man gestorben ist wird man sehr wahrscheinlich wieder neu geboren, als Mensch oder

Tier (ich habe einmal gelesen, früher hat man dies bei manchen Christen auch geglaubt, aber heute glauben das Christen nicht mehr). Von den Wiedergeboren erinnern sich aber nur ganz wenige an ihr früheres Leben. Wie man wiedergeboren wird – so heißt es - hängt davon ab, wie man vorher gelebt hat: war man gut, so wird man so wiedergeboren, dass man ein gutes Leben haben wird, war man böse, wird man so wiedergeboren, dass man viel leiden muss (es gibt auch eine Hölle, in der man wiedergeboren werden kann, aber sie muss nicht ewig sein). Das ist das Gesetz vom Karma. War man ganz gut und hat erkannt, wie die wahre Natur der Wirklichkeit ist, so muss man nicht wiedergeboren werden, sondern kann ins Nirwana eingehen, in einen Zustand unendlicher Glückseligkeit und vollkommener „Erleuchtung" (tiefstes Wissen und Verstehen). Aber im Nirwana gibt es nicht mehr "du" und "ich", sondern nur noch die große unendliche Weite. Manche sehr gute Menschen verzichten aber vorläufig auf ihren Eingang ins Nirwana, um den Menschen und Wesen auf der Welt noch zu helfen, auch gut und erleuchtet zu werden.

Das Christentum sagt, dass jeder Mensch jederzeit die Freiheit hat zu wählen, ob er böse oder gut ist. So sind Fegefeuer und Hölle auch als Strafe gedacht für böse Taten. Allerdings sind wir Menschen schwach und lassen uns oft zum Bösen verführen. Hier kann das Gebet zu Gott helfen, damit wir nicht dem Bösen folgen. Der Buddhismus glaubt nicht an eine so einfache Freiheit der Entscheidung. Er glaubt zwar, dass jeder Mensch sich frei entscheiden kann, sich auf den Weg zu machen, ein guter Mensch zu werden, aber um ein guter Mensch zu werden, dazu ist viel Wissen und Erkenntnis nötig und oft ist der Weg dahin weit. Aber der Weg endet nicht mit dem Tod, sondern geht mit der Wiedergeburt weiter. Die Buddhisten glauben nämlich, dass der Hauptgrund dafür, dass Menschen böse sind, darin liegt, dass sie nicht wissen, dass alles eins ist, dass alles zusammengehört und wir deshalb mit allen Wesen Mitgefühl haben sollten. Es gibt viele Hilfen und Übungen, die helfen können, schlechte Eigenschaften wie Gier, Hass, Neid und Unwissenheit nach und nach zu beseitigen. Die Buddhisten glauben nicht, dass wir von einem Tag auf den anderen uns ändern können, denn unser Geist ist schon viel zu lange an die bösen Eigenschaften gewöhnt und wiederholt sie ganz von selbst. Aber wenn wir wollen, können wir alle uns langsam schulen und unseren Geist formen und uns gute Gewohnheiten zulegen. Dann werden wir auch in dem jetzigen Leben schon glücklicher werden, aber wir sammeln dann auch gutes "Karma" für künftige Leben.

Das Christentum glaubt, die Ursache für alles, was ist, ist Gott, der Schöpfer. Der Buddhismus kennt keine allererste Ursache, alles ist ein ständiges Weitergehen von Ursache und Wirkung. Etwas geschieht, das verändert etwas, diese Veränderung verändert wieder etwas und so immer, immer weiter. Es gibt nichts, was geworden ist, ohne dass nicht vorher etwas anderes war. Nichts besteht nur aus sich und für sich allein, alles hängt mit allem zusammen. Das Christentum glaubt, dass Gott ganz für sich alleine besteht und es glaubt auch, dass der einzelne Mensch sich allein für Gut oder Böse entscheiden kann. Heute fragen aber Psychologen, ob das wirklich stimmen kann. Denn es zeigt sich, dass es eine große Rolle spielt, wie und wo ein Mensch lebt, und dass ihn seine Umgebung zu einem besseren oder schlechteren Menschen machen kann. Manchmal wird auch etwas von einem Teil der Menschen für gut und von einem anderen Teil der Menschen für böse angesehen. Da entspricht der Buddhismus besser dem, wie wir unser Leben heute betrachten. Der Buddhismus stellt die Entscheidung, sich auf den guten Weg zu machen jedem Menschen frei, aber er erwartet nicht, dass jeder sofort die Fähigkeit hätte, das Gute richtig zu erkennen und dann auch sofort gut zu sein. Möglicherweise ist aber auch hier im Christentum in den letzten 50 Jahren eine Änderung eingetreten. Denn es heißt, dass nur Gott allein entscheiden kann, wer in den Himmel, wer in die Hölle kommt, und dass es auch auf die gute Absicht des Herzens ankommt (die Gott immer erkennt) und nicht nur auf das, was man von außen von einem Menschen sieht.

Im Christentum bilden Körper und Geist stärker eine Einheit, einen einzelnen Menschen, als im Buddhismus. Der Buddhismus sagt: es gibt einen Geist, nur er ist beständig, die körperliche Hülle ist nur eine Art Werkzeug und vergeht auf jeden Fall. Allerdings wird im Christentum der Körper auch als weniger wichtig angesehen, das Wesentliche ist der Geist des Menschen.

Was ist der Geist? Es ist schwer zu sagen, vielleicht unsere Gefühle, unsere Gedanken, aber auch noch vieles mehr, was man nicht so genau benennen kann. Ist unser Geist isoliert, selbstständig, ohne enge Verbindung zum Geist anderer oder zum Geist des Ganzen? Das Christentum sieht dies mehr so. Allerdings kann der Heilige Geist Gottes in jedem Menschen wirken. Dies bedeutet aber noch nicht eine Verbindung des Geistes aller Wesen und des Geistes an sich zu einem Ganzen. Vielleicht bedeutet aber Liebe diese Verbindung. Im Buddhismus wird es mehr betont, dass der Geist eines einzelnen Menschen Teil eines Geistes ist, der unendlich und allumfassend ist.

Hinduismus, jüdische Religion, Islam

Dies sind 3 sehr große Religionen, von denen ich aber nicht so sehr viel weiß. So möchte ich nur ein paar Dinge dazu schreiben, die mir persönlich wichtig erscheinen. Um diese Religionen aber wirklich kennen zu lernen, reicht das nicht aus.

Hier möchte ich auch noch warnen, vorschnell Ansichten anderer oder auch der eigenen Religion zu verurteilen, als falsch hinzustellen. Die großen Religionen werden seit Jahrtausenden von Millionen von Menschen mit Leben erfüllt. Dies wäre nicht möglich, wenn diese Religionen nicht tiefe Wahrheit in sich bergen würden. Es ist aber so, dass ein einzelner Mensch nur schwer die ganze Fülle an Wahrheit in allen Religionen erkennen kann. Die Art und Weise etwas auszudrücken, mag in den verschiedenen Religionen oft auf den ersten Blick gleich sein, was aber mit den Bildern gemeint ist, kann im Inneren sehr verschieden sein, oder aber auch umgekehrt: was in Wirklichkeit ähnlich ist, kann sehr verschieden aussehen. So scheinen sich z.B. jüdische Religion und Buddhismus sehr zu widersprechen, z.B. was das Leid anbelangt. So ist im jüdischen Glauben das Leid nicht immer nur als etwas Schlechtes angesehen, während es dem Buddhismus um das Beenden des Leidens geht. Aber wenn man genauer hinschaut, so wird auch im jüdischen Glauben letztendlich die Befreiung von Leid erstrebt, und im Buddhismus sind besonders erleuchtete Menschen bereit, das Leiden anderer auf sich zu nehmen. Also: vieles, was gleich scheinen kann in den Religionen, kann in Wirklichkeit verschiedene Bedeutung haben (es gibt außerdem auch große Übersetzungsschwierigkeiten in die unterschiedlichen Sprachen), aber auch vieles, was äußerlich verschieden erscheint, kann im wesentlichen Kern wieder gleich sein.

Außerdem ist eine Religion nie ein ganz einheitliches Gebilde. Sie hat viele verschiedene Teile und Bereiche. Vieles bekommt auch im Laufe der Zeit andere Schwerpunkte. Eine Religion ist längst nicht so starr und unbeweglich, wie es nach den Lehrsätzen zu sein scheint. Auch jeder einzelne Gläubige mag das eine oder andere etwas anders verstehen als sein auch gläubiger Mitmensch. In unserer Welt, die immer enger zusammenwächst, ist es daher wichtig, nicht gleich etwas, was man nicht versteht zu verurteilen, sondern zu versuchen, den Kern, das ganz Wesentliche herauszuspüren. Manchmal braucht dies Zeit und Geduld und wirkliches Interesse am anderen oder auch an der eigenen Religion. Nur wenn ich nicht gleich ablehne, wird der andere sich mir vielleicht öffnen und mich an den Geheimnissen seiner Religion auch bis in wesentliche Tiefen hinein teilnehmen lassen.

Der **Hinduismus** ist eine sehr sehr alte Religion, die schon vor Jahrtausenden in Indien zu wachsen und sich zu entfalten begann (aus ihm wuchs dann auch der Buddhismus). Es ist sehr schwer, den Hinduismus kurz zu beschreiben, er hat ganz verschiedene Seiten. Das liegt an einer Eigenschaft des Hinduismus: er ist offen für ganz verschiedene religiöse Bilder. So gibt es viele Götter, viele Riten, viele verschiedene Arten, hinduistisch zu leben. Es gibt Texte, die sich mit den innersten, geheimnisvollsten Dingen beschäftigen, und es gibt aber auch vieles für den ganz normalen Alltag. Es gibt Menschen, die ganz normal leben und es gibt Asketen, die sich das Lehen scheinbar schwer machen, indem sie kaum Nahrung zu sich nehmen, alleine leben, sich nicht waschen, sich vielleicht auch Schmerzen zufügen, indem sie sich Nadeln in die Haut stechen. Sie tun dies, um unempfindlich für Leiden zu werden, und um zu zeigen, dass es möglich ist, körperliches Leiden zu überwinden. Sie zeigen, dass man gar nicht so abhängig ist von den äußerlichen Dingen, wie man normalerweise glaubt.

Im Hinduismus gibt oder gab (manches ändert sich derzeit in diesem Bereich) es auch sogenannte "Kasten", das sind verschiedene Gruppen von Menschen, die jeweils nur bestimmte Arbeiten tun dürfen und auch meist nur untereinander heiraten. Menschen in "niedrigen" Kasten, die sehr arm leben, ertragen dies ohne sich darüber aufzuregen. Ist das gut oder schlecht? Die Meinungen dazu gehen sehr auseinander. Hier im Westen findet man meist, dass die Menschen, denen es schlecht geht, sich anstrengen sollten, damit es ihnen besser geht, ja sie sollten vielleicht sogar kämpfen, wenn andere sie ausnutzen. Man hat der christlichen Kirche schon vorgeworfen, sie kämpfe auch zu wenig für die Armen. Es ist einerseits schon richtig, dass man Armut und Leiden nicht einfach hinnehmen sollte, einfach untätig zusehen sollte. Auf der anderen Seite ist es aber wieder so, dass man auch in Armut zufrieden sein kann, wenn man nicht mehr erwartet. Bei uns sind viele Leute unzufrieden, weil sie denken, eigentlich stehe ihnen ein besseres Leben zu.

Es ist schwer zu entscheiden, wann es besser ist aufzubegehren und wann besser, sich zu fügen. Wenn man nicht die Kraft hat, wirklich etwas zu verändern, ist es vielleicht sinnvoller sich einzufügen. Das Problem ist aber - woher weiß ich, ob ich etwas verändern kann oder nicht? Ich glaube hier kann echte (nicht oberflächliche, vorgespielte) religiöse Praxis (z.B. beten, meditieren) mehr innerliche Klarheit bringen, da ich dadurch alles in größeren Zusammenhängen sehen kann. So kann religiöse Praxis sowohl dazu führen, dass ich entschlossen für eine Veränderung kämpfe als auch in anderen Fällen dazu, dass ich mich zufrieden einfüge.

Die **jüdische Religion** ist auch eine jahrtausende alte Religion, die in Israel entstand, und es ist die erste der heutigen drei monotheistischen Religionen, d.h. eine Religion, die nur an einen Gott glaubt und nicht an viele Götter. Aus dem Judentum wuchsen später das Christentum und der Islam. Das Judentum besteht aber auch weiter fort, bis heute. Der jüdische Gott (und deshalb später auch der christliche und islamische Gott) nennt sich "eifersüchtig", d.h. er will nicht, dass die Menschen neben ihm noch andere Götter verehren. Das ist wohl der Grund dafür, dass diese drei Religionen sehr kritisch mit anderen Religionen sind und sie oft als falsch bezeichnen. Erst in den letzten Jahrzehnten sind sie etwas offener für die Lehren anderer Religionen geworden.

Während Christentum und Islam wünschen, dass alle Menschen

Christen bzw. Moslems (so werden Anhänger des Islam bezeichnet) werden (und dafür auch Menschen in die ganze Welt schicken (Missionare), die anderen Völkern ihre Religion beibringen und sie auch dazu zu überreden versuchen, ihre alten Religionen zu vergessen, so sieht sich das Judentum als ein von Gott auserwähltes, besonderes Volk, das eine besondere Aufgabe in dieser Welt hat. Dieses Auserwähltsein bringt aber nicht nur Nähe zu Gott (die gläubigen Juden haben eine sehr unmittelbare Beziehung zu ihrem Schöpfergott, handeln und reden mit ihm sehr offen, so wie Menschen untereinander reden) und Vorteile, sondern sie haben auch die Pflicht, Gott besonders treu zu sein und die bringen die Bereitschaft mit, für die Heilung der Welt viele Opfer zu bringen, viel zu leiden.

Das Leiden hat in der jüdischen Religion eine ungewohnte Bedeutung, es ist eine Art Hingabe, ein Opfer, damit die Welt heil werden kann (denn, so die Ansicht, der Mensch war Gott ungehorsam und kennt seither Leiden). Das jüdische Volk hat auch tatsächlich immer wieder sehr schlimm gelitten. Vor etwas weniger als 2000 Jahren wurde es von seinem Land vertrieben und musste sich verteilen in ganz verschiedene Länder. Trotzdem hielt es immer zusammen. Aber in den anderen Ländern wurden die Juden nicht gerne gesehen, da sie fremd waren. Sie mussten in eigenen Stadtteilen leben, durften nur manche Berufe ausüben und wurden sehr schlecht behandelt. (Erst vor etwa 40 Jahren durften sie, wenn sie wollten, zurück nach Israel, ihr angestammtes Land. Da dort aber schon längst andere Menschen - Araber - wohnten, gibt es immer wieder Streit.) Am allerschlimmsten war für die Juden die Judenverfolgung vor etwas über 50 Jahren im "Dritten Reich" in Deutschland. Dort wurden sie gefangen genommen (auch Kinder), in Gefängnislager gebracht, wo sie ganz schlimm behandelt wurden und ganz ganz viele wurden dort schließlich getötet (ohne dass sie irgendein Verbrechen begangen hatten, nur weil sie Juden waren). Man wollte das jüdische Volk auslöschen. Von denen, die nicht rechtzeitig fliehen konnten, haben nur ganz wenige überlebt. Auch wenn für das Judentum Leiden nicht nur etwas Schlechtes ist, sondern auch eine Art selbstloses Opfer, so darf niemand, gar niemand deswegen sagen: "es ist schon recht so, wenn die Juden leiden". Es ist nicht Aufgabe der Nichtjuden zu entscheiden, ob Juden leiden müssen. Wenn wir sie absichtlich und bewusst leiden lassen, so laden wir schwere Schuld auf uns.

Die jüdische Religion hat durch den Ein-Gott-Glauben die Macht und Größe und das Allumfassende des Göttlichen besonders deutlich gemacht. Er ist der Schöpfer, der alles geschaffen hat, er ist die erste Ursache. Und in seiner Hand liegt alles, was geschieht. Nichts geschieht ohne ihn, nichts was er nicht sieht. Hier entsteht die Vorstellung einer Ganzheit, die vielleicht vorher gefühlt wurde, aber nicht so deutlich ausgesprochen. Und Gott wird zu einem Gegenüber, er spricht mit den Menschen (in Worten und Taten) und die Menschen können mit ihm sprechen. Es ist Gott wichtig, was die Menschen denken, tun und fühlen. Er gibt ihnen Gesetze (die 10 Gebote), die ihnen sagen, wie sie sich richtig verhalten. Er straft und hilft. Und er hat den Menschen geschaffen und es heißt, der Mensch sei ihm ähnlich. Er ist ein strenger und dann doch wieder gütiger Richter, der Fehler bestraft, aber auch wieder nachsichtig sein und verzeihen kann. Im jüdischen Glauben gibt es Strenge, aber auch viel Humor und sehr viel Verständnis für menschliche Schwächen. Christentum und Islam haben die Schöpfergott-Vorstellung des Judentums übernommen, im Christentum kommt seit 2000 Jahren noch die Lehre Christi hinzu, im Islam seit etwa 1300 Jahren die Lehre Mohammeds.

Der **Islam** ist die jüngste der großen Religionen. Er entstand aufbauend auf die jüdische Religion in arabischen Ländern. Er wurde von dem Propheten Mohammed über 700 Jahre nach Christi Geburt begründet. (Hinduismus und jüdische Religion sind gewachsen, Buddhismus, Christentum und Islam wurden jeweils von einem einzigen Menschen begründet). Menschen, die dem Islam angehören bezeichnet man als Mohammedaner oder Moslems.

Der Prophet Mohammed sagt, er hätte viele Botschaften von Gott, im Islam „Allah" genannt erhalten (Allah ist wie bei den Juden auch der einzige Gott). Diese Botschaften wurden im Buch Koran aufgeschrieben. Sie enthalten sehr viele Regeln für das Leben im Alltag, an die sich die Moslems halten sollten (uns mögen diese vielen Regeln stören, aber eines machen sie deutlich, dass überall Göttliches wirkt, und dass jede Handlung gut oder schlecht sein kann. Auch die kleinen alltäglichen Dinge sind wichtig, das vergessen wir leicht). Je nachdem, ob es ein Land ist, das streng oder großzügig ist, werden die Regeln sehr genau eingehalten oder weniger genau. Im Islam sind nämlich Religion und Politik (d.h. was der Staat bestimmt) enger verbunden als in den meisten anderen Religionen.

Ich muss zugeben, dass ich über den Islam nicht so viel weiß. Er hat in vielem Ähnlichkeit mit jüdischer und christlicher Religion. Allgemein bekannt, da sehr auffallend, ist, dass in strenggläubigen islamischen Familien die Frauen ein Tuch um den Kopf binden, so dass man ihr Gesicht in der Öffentlichkeit, auf der Straße nicht erkennen kann. Außerdem dürfen die Frauen vieles nicht, auch oft nicht arbeiten. Hier wird das meist sehr kritisiert und verurteilt. Aber es gibt zwei Seiten. Natürlich sind die Frauen sehr eingeschränkt, können vieles nicht machen, was die "westliche" Frau bei uns machen kann. Und sehr oft sind es wahrscheinlich gar nicht die Frauen, die das entscheiden, sondern die Männer verlangen es so. Aber es gibt auch eine andere Seite. Die verschleierten Frauen machen sich nicht dauernd Konkurrenz. Bei uns sind viele Frauen ständig in Sorge, ob sie auch gut genug aussehen. Diese Sorge haben die verschleierten Frauen nicht so sehr. Und sie müssen sich nicht sorgen um das Geldverdienen. Sie können ganz für die Familie und die Kinder da sein. Bei uns hetzen die Frauen oft zwischen Arbeit und Familie hin und her, haben für nichts mehr richtig Zeit, und sind dazu noch dauernd besorgt, nicht gut genug auszusehen. Dafür haben sie aber viel mehr Wahlfreiheit als die islamischen Frauen - aber leider kaum Zeit.

Man sollte vielleicht die Frauen selbst entscheiden lassen, ob sie ein streng islamisches Leben oder ein freizügigeres führen wollen. Aber auch das ist nicht ganz so ohne Probleme. Denn in der heutigen westlichen Welt gibt es viel Werbung, auch das Fernsehen zeigt immer wieder: das muss man haben, um "in" zu sein, so muss man aussehen, das muss man tun. Viele Leute lassen sich davon verrückt machen, hetzen all dem hinterher und vergessen dabei wirklich zu leben. Es ist gar nicht so einfach, zu all dem "nein" zu sagen. Darum verstehe ich schon die Angst der strengen Moslems, dass sie denken, wenn sie einmal anfangen, offener zu sein, dann ist es vorbei mit Ruhe und Zufriedenheit, auch die, die streng bleiben wollen, werden dann angesteckt von der Hektik und von unheilvollem Neid.

Ich traue mir hier nicht zu, beurteilen zu können, was richtig ist. Aber ich verstehe, dass es für Moslems, die in unser Land kommen, gar nicht einfach ist, ihren eigenen Weg zu finden.

Was mich wirklich stört am Islam, ist der Anspruch, dass er erwartet, eines Tages sollten alle Menschen Moslems (im engeren Sinn, also nicht nur einfach Gottgläubige) sein. Eine ähnliche Erwartung besteht auch im Christentum, aber im Christentum wird zwar missioniert (die Lehre überall verbreitet), aber es bleibt doch noch jedem selbst überlassen, ob er Christ werden will oder nicht. Im Islam gibt es manchmal Tendenzen (nicht überall), die Nicht-Moslems zu zwingen (z.B. mit Waffen und innerhalb des eigenen Landes mit Gesetzen), zum Islam zu wechseln. Das kann ich persönlich nicht für gut heißen. Es gibt aber sehr viele Moslems (ich denke die große Mehrzahl), die dies auch nicht wollen.

Der Islam ist zwar leicht an vielen äußeren Dingen erkennbar, aber man täte ihm sicher unrecht, wenn man ihn nur damit beschreiben würde. Wie in fast alle Religionen, ist es auch für den Islam wichtig, dass man Anteil nimmt an dem Schicksal der Armen und Leidenden und diesen hilft. Und es gibt auch Mystik und Geheimnis im Islam, nicht nur Regeln und Vorschriften für ein gutes Leben. Zahlreich sind die Namen Gottes, also Allahs, die spüren lassen, wie allumfassend er ist. Beeindruckend ist auch die tiefe Verehrung Gottes, die sich im Islam zeigt. Mit großer Hingabe wird Allah angerufen, voll Vertrauen wirft man sich in seine Arme (um es in einem Bild zu sagen). Wenn von den hohen Türmen der Minarette die Gebete mit lauter Stimme gesungen werden, dann erklingt der Ruf über die Weite des Landes und verkündet die tiefe Sehnsucht des Menschen nach Gott, nach Allah, nach dem Wesentlichen, nach dem was unser Grund ist. Obwohl ich die Sprache nicht verstehe, berührt mich dieser Ruf jedes mal, wenn ich ihn höre.

Warum Leid?

Wenn auch die meisten Religionen sagen, Gott oder der Geist ist gut, und es gibt eine allerletzte Glückseligkeit, die nie mehr endet, warum gibt es dann für fast jeden von uns heute und hier immer wieder Leid?

Es hat sicher etwas mit der Freiheit, sich zu entscheiden, zu tun. Ein Stein, ein Berg, eine Wolke entscheiden sich für nichts, sie sind einfach da oder verschwinden wieder, es ist ihnen gleichgültig. Mit dieser Gleichgültigkeit fügen sie sich ohne Leiden in das Geschehen der Welt ein.

Aber Menschen und auch Tiere und ein wenig vielleicht sogar Pflanzen können sich entscheiden, welchen Weg sie gehen. Meist suchen sie einen Weg, möglichst lange erhalten, d.h. lebendig zu bleiben. Aber sie leben trotzdem in der Gesamtheit des Universums, und oft entscheiden sie sich für einen Weg, der dem "Lauf der Dinge", der Ganzheit widerspricht - ob aus Bosheit oder Unwissen, darüber gibt es verschiedene Ansichten.

Wenn etwas den "Lauf der Dinge" stört, so wird es vom Ganzen korrigiert, es wird ihm eine neue Richtung, ein neuer Weg zugewiesen. Das geschieht mit Leid und Glück. Sind wir gegen den "Lauf der Dinge", so leiden wir, sind wir in der richtigen Richtung, so empfinden wir Glück. Ganz einfaches Beispiel: Rennen wir mit dem Kopf gegen eine Wand, so bekommen wir eine schmerzende Beule, laufen wir durch eine Tür, so kommen wir dorthin, wo wir hin wollen und sind zufrieden. Oder: wir essen immer ungesund, das was unserem Körper nicht gut tut, dann werden wir mit der Zeit krank, essen wir gesund, so werden wir uns besser fühlen.

Leider ist das alles nicht immer ganz so einfach. Unser Leben und unser Geist sind schon so kompliziert, dass die Dinge reichlich verwickelt sind. Was auf den ersten Blick gut, richtig, dem "Lauf der Dinge" zu entsprechen scheint, das kann in einem größeren Zusammenhang, auf längere Sicht, vielleicht falsch sein. Es ist oft gar nicht so leicht, richtig zu erkennen, was uns auf lange Zeit gut tut. Gerade in unserer hektischen Zeit heute sehen wir oft nur noch, was uns im Moment gut tut. Später leiden wir dann manchmal, und verstehen gar nicht mehr so recht warum.

Der Buddhismus sieht als tiefste Ursache für das Leiden die Unwissenheit an, weil wir nicht richtig verstehen, wie die Welt und der Geist wirklich sind. Buddhisten sind überzeugt: wenn wir verstehen, wie alles wirklich ist (die wahre Natur unseres Geistes), und wie deshalb Leiden entsteht, dann können wir Mittel gegen das Leiden finden und erfolgreich anwenden.

Im Christentum ist Leid die Folge davon, dass der Mensch Gott nicht gehorcht. Gott will das Beste für den Menschen, die Menschen aber hören nicht auf ihn, sie haben die Freiheit, ihre eigenen Wege zu gehen und tun dies. Das Leid ist die Strafe Gottes dafür.

Aber eigentlich ist das gar nicht ganz so unterschiedlich. Wenn man statt "Willen Gottes" den "Lauf der Dinge" oder "so wie die Welt wirklich ist" oder "die wahre Natur des Geistes" schreibt, dann gleichen sich die Vorstellungen schon viel mehr. Der Unterschied zwischen Christentum und Buddhismus liegt mehr darin, dass die Christen glauben, der Mensch ist auf jeden Fall in der Lage, zu erkennen, was gut ist und was schlecht, und er hat die Freiheit gut oder schlecht zu sein. Der Buddhismus glaubt zwar, dass ich die Freiheit habe, mich für den guten Weg zu entscheiden, aber dann muss ich erst mühevoll lernen, wie dieser Weg auszusehen hat. Im Buddhismus gibt es nicht die Vorstellung, dass der Mensch eventuell aus freiem Willen wirklich abgrundtief böse sein möchte, sondern die Ursache für ein sehr böses Verhalten ist immer Verblendung und Unwissen.

Leid hat daher auf jeden Fall die Information für mich: etwas stimmt nicht. Aber auf welcher Ebene stimmt etwas nicht - das ist schwierig zu entscheiden. Wenn auf der Straße ein Dachziegel auf mich herunterfällt (oder ich bin eines von vielen Opfern einer Naturkatastrophe), dann stimmte sicher mein Standort nicht, d. h, ich stand in diesem Moment am falschen Fleck. Aber das konnte ich natürlich nicht wissen. Ist das jetzt ein reiner "dummer" Zufall, oder hat es doch eine tiefere Bedeutung? Das sehen die Religionen verschieden und innerhalb der Religionen verstehen es unterschiedliche Menschen auch wiederum verschieden. Man kann auch einer Religion angehören und trotzdem an einen reinen Zufall glauben. Ich selbst muss zugeben, ich weiß es nicht: gibt es reinen Zufall, oder hat alles - auch ein herabfallender Dachziegel - seine Bedeutung, ist alles in Zusammenhang mit mir und untereinander? Wenn es kein Zufall ist, sondern ein Sinn dahinter steckt, dann bedeutet das, dass es eine viel tiefere Ordnung in der Welt gibt, als wir von außen begreifen können, eine Ordnung, die trotz alledem den Naturgesetzen nicht widerspricht. Aber schließlich gibt es noch so vieles, was wir nicht verstehen - warum sollte es nicht auch eine tiefe Ordnung gehen, die über das rational Begreifbare hinaus geht.

Manche glauben, es könnte auch die Vorsehung Gottes sein, die mich straft, oder die auf diese Weise etwas für mich bewirken will, das wichtig ist (z.B. eine Veränderung in meinem Leben, weil ich jetzt lange Zeit im Krankenhaus bin und viel nachdenken kann). Es kann, buddhistisch gesehen, mein Karma sein, d.h. es haben sich über längere Zeit (sogar über mehrere Leben) schlechte Einflüsse durch schlechte Handlungen angesammelt, die jetzt bewirken, dass mir so ein Unglück geschieht.

Gefährlich ist es, wenn ich bei anderen Personen, deren Ursachen für das Leiden ich nicht verstehe, ich einfach sage: Gott will es so, oder das ist Karma - und dann, obwohl ich vielleicht helfen könnte, untätig bleibe. Etwas anderes ist es, wenn ich eine einfache Ursache für ein Leid erkenne, da kann es schon mal sein, dass ich jemanden mal nicht mehr helfe, damit er endlich dazu lernt. Z.B. ein Kind kauft sich von seinem Taschengeld immer gleich etwas Unwichtiges, wenn es dann etwas wirklich Schönes sieht, hat es kein Geld mehr. Die Mutter könnte ihm schon das Geld mal leihen - aber wenn es immer wieder geschieht, dann ist es das Beste, wenn das Kind auf die schönen Sachen einige Male verzichten lernt, um zu begreifen, dass es sein Geld auch einmal sparen muss. Die Situation ändert sich aber bereits wieder, wenn ich erkenne, der andere ist noch gar nicht in der Lage, zu begreifen, das Gewünschte zu lernen. Dann gibt es zwei Wege (die auch gemischt sein können): Ich nehme dem anderen die Entscheidungsmöglichkeit (das Kind bekommt vorerst kein Taschengeld mehr) oder, ich gewähre großzügig (falls dies möglich ist) einen zeitweise erweiterten Freiraum, warte bis der andere in der Lage ist, zu begreifen, worum es geht und verweise ihn zwischendurch schon vorsichtig auf seine Fehler.

Verkehrt wäre es, mit Hass und Wut zu reagieren, wenn der andere noch gar nicht so weit ist, etwas zu begreifen (es gibt zwar Situationen, da hilft ein heftiger Wutausbruch, damit der andere den

Ernst der Situation endlich begreift. Aber das setzt voraus, dass er im Grunde schon fähig ist zu begreifen, bisher aber den Ernst nicht erkannte). Das würde oft nur zu Leid auf beiden Seiten führen: Enttäuschung und Verletzung (auch geistig möglich) beim anderen, schlechtes Gewissen und Unruhe bei mir.

Schlimm ist es auch, wenn ich mir an falscher Stelle anmaße, dass ich wüsste, was für den anderen gut sei, und ich ihn leiden lasse, wenn er nicht dem entspricht. So mussten die Juden viele Jahrhunderte lang sehr viel leiden, weil die Christen um sie herum dachten, sie müssten ebenfalls zu Christen werden, aber sie weigerten sich. Die Christen behandelten sie daraufhin, sozusagen als Strafe, sehr schlecht und oft grausam. Heute erkennen wir darin ein großes Unrecht, denn eine Religionszugehörigkeit darf nicht erzwungen werden.

Es zeigt sich, dass es gar nicht einfach zu beurteilen ist, wann man anderen Leid zufügen darf. Grundsätzlich könnte man vielleicht sagen: wenn es für die Gesamtheit von allen mehr von Nutzen ist als es schadet und es gerecht ist. Das kann sein, weil ich mich verteidigen muss, da der andere durch sein nicht notwendiges, schlechtes Verhalten mir schadet, das kann sein, weil ich andere verteidigen muss, es kann aber auch sein, dass es für denjenigen, der dann leiden muss letztendlich gut ist (um zu lernen). Aber in Wirklichkeit ist es sehr sehr schwer abzuschätzen, wann das Wohl, das durch das Leid erfolgt, den Schaden durch das Leid wirklich übersteigt. Von allein neigt man normalerweise stets dazu, das eigene Leid schlimmer, das eigene Wohlergehen (und das mir nahestehender Personen) immer höher einzuschätzen, als das fremder Personen. Es ist also größte Vorsicht angesagt, wenn ich anderen ohne Bedenken Leiden zumute. Trotzdem darf ich nicht überängstlich durch das Leben gehen, denn aus Fehlern lernt man, und man kann sich auch bemühen, einen erkannten Fehler wieder gut zu machen.

Es gibt oft Leid, das Menschen zugefügt wird, die es allem Anschein nach nicht verdient haben, so zu leiden. Hier stehen wir ratlos vor dem Schicksal, vielleicht sogar wütend. Dennoch gilt: wir kennen nicht alle tieferen Ursachen und Zusammenhänge. Wir dürfen uns bemühen dieses Leiden (bei uns selbst oder bei anderen) zu lindern oder sogar zu beenden. Aber wir haben nicht die Weitsicht, um gerecht über Gottes Wege zu urteilen, und wir dürfen Gott nicht verurteilen, weil er Dinge zulässt, die uns unverständlich und ungerecht erscheinen. Hier ist demütig anzuerkennen, dass wir den Lauf der Welt nie ganz umfassend verstehen können, und uns der Einblick in die größten, weitreichendsten Zusammenhänge fehlt. Wir dürfen und sollen uns gegen Leid einsetzen, aber wir dürfen Gott die Existenz von Leiden nicht vorwerfen.

Noch ein Gesichtspunkt zum Thema Leiden: eine Welt ganz ohne die Möglichkeit des Leides (ich schreibe bewusst "Möglichkeit" und nicht "Notwendigkeit") - wäre sie nicht langweilig, tot, ohne jegliche Entscheidungsmöglichkeiten? Die Möglichkeit Leid zu erfahren, ist der Preis für die Freiheit der Entscheidung, - obwohl wir eingebunden sind ins Universum und in einen größeren Geist - können wir diese Freiheit trotzdem erleben. Das Leid ist eine Sprache, durch die wir erfahren, ob unsere Entscheidungen sich gut einfügen ins Ganze oder ob sie "anecken" und so Leid erzeugen. Leid kann reinigen. Leid kann öffnen. Es ist aber auch nicht zu übersehen, dass es Opfer gibt, die derart grausames Leiden erfahren, dass wir nur noch sprachlos sind., dass das Leiden nur noch zerstörerisch zu sein scheint – es wäre oberflächlich, solches Leiden einfach mit unserem kurzsichtigen Verständnis rechtfertigen zu wollen: hier ist es besser unser Nicht-verstehen-können einzugestehen.

Es gibt Freude und Leid, zusammen sind sie die Ganzheit des Lebens. Wer nur Genuss will, der hat das Leben nicht in der Tiefe erlebt. Es gibt aber, über Freude, Genuss und Leid hinausreichend noch ein Glück, das tiefer, wahrer und beständiger ist, und das durch Freude, Genuss und auch Leid nur an der Oberfläche berührt wird. Durch dieses Glück kann ich auch die Fähigkeit erlangen, für andere, um ihnen zu helfen, freiwillig Leiden auf mich zu nehmen, ohne in einen Abgrund abzustürzen. Finde ich diese Art des Glücks, so trägt es mich auch im Leid. Ich kann es nennen: die Nähe und Liebe Gottes oder auch die Erkenntnis der wahren Natur des Geistes. Es ist ein Zustand, in dem ich meinen Weg auch ohne die Wegweiser Leid und Freude erkennen kann. Es ist das Glück der erleuchteten Erkenntnis, oder das Glück in Gottes Geist zu ruhen.

Der einzelne und das Ganze

Der einzelne wird in den verschiedenen Religionen etwas unterschiedlich gesehen. Ich will hier wieder Christentum und Buddhismus vergleichen.

Im Christentum wird der einzelne mehr isoliert gesehen. Er ist eine vollständige Einheit, er ist immer der gleiche, alles an ihm gehört zusammen: der Fuß, der Kopf, die Gefühle, die Gedanken, der Name, der Beruf....

Der einzelne Mensch wird als feste, eindeutig erkennbare Person gesehen. Insofern wären alle Menschen feste, voneinander und von Gott getrennte Einheiten. Das wäre eine sehr einsame Angelegenheit. Aber da ist die Liebe, und sie überwindet dieses Einzeln-sein, sie verbindet. Daher ist es wichtig, dass die Menschen Gott lieben und sich von ihm geliebt wissen. Und es ist wichtig, dass diese Liebe in Taten gegenüber anderen Menschen gezeigt wird. So gibt es z.B. seit langem viele karitative christliche Einrichtungen, in denen Christen armen, kranken oder schwachen Menschen helfen. Auch jeder einzelne ist aufgerufen, seinen Mitmenschen jederzeit hilfsbereit zur Seite zu stehen. Die Tat wird in der christlichen Nächstenliebe betont.

Im Buddhismus wird stärker das Gefühl, die Emotion, der geistige Vorgang des Mitgefühls hervorgehoben. Der Buddhismus will auch nicht so sehr die Trennung der Menschen in einzelne Personen betonen, oder in den Geist des einzelnen und den Geist als solchen. Der Buddhismus betont mehr, dass alles eins ist. Ich bin, was ich bin, nicht aus mir allein geworden, viele Menschen, viele Dinge, viele Ereignisse, viele Umstände, lassen mich als das erscheinen, was ich jetzt bin. Ich bin ein Teil des Ganzen, so wie alle anderen Wesen auch. Und der Geist des Ganzen ist in uns, wir alle haben Anteil an der allumfassenden Buddha-Natur. Alles Trennende ist nur vorübergehend, ist der Vergänglichkeit unterworfen. Alles Getrennte wird einmal nicht mehr so bestehen, wie es jetzt besteht, es wird sich wandeln, immer wieder anders aussehen. Alles verbindet, trennt und verbindet sich immer wieder neu, nichts einzelnes bleibt ewig. Nur das Ganze bleibt, nur der Geist im Innern ist nicht vergänglich, ist immer überall da. Und dieser Geist ist in uns allen, er ist das, was uns wirklich ausmacht. Deshalb sind wir mit allen Wesen verbunden. Deshalb sollten wir für alle Wesen Mitgefühl entwickeln. Den Buddhisten ist es daher wichtig, trennende Gefühle, wie Hass, Gier, Neid, Selbstsucht, usw. zu überwinden, da sie trennen und so Leid erzeugen, und die Buddhisten versuchen, besonders im Mahayana-Buddhismus, großes Mitgefühl zu entwickeln. Bei ihnen ist nicht so sehr die Tat aus Nächstenliebe wichtig, sondern das Mitfühlen und das Übernehmen von leidhaften Gefühlen anderer Wesen und das Schenken eigener Glücksgefühle an andere Wesen.

Obwohl natürlich Christen und Buddhisten beide sowohl Nächstenliebe als auch Mitgefühl kennen, so könnten sich vielleicht hier Christentum und Buddhismus doch ausgewogen noch weiter ergänzen, die Christen könnten den Buddhisten mehr Freude an der Tat der Nächstenliebe schenken und die Buddhisten den Christen mehr inneres Gefühl des Zusammengehörens, des Eins-seins in einem Geist. Aber das ist nur so ein persönlicher Gedanke von mir. Vielleicht ist es auch richtig, wenn weiterhin jede Richtung auf ihre Art konzentriert ihren Weg lebt, vielleicht ist die Ausgewogenheit auch in jedem einzelnen Weg schon vorhanden.

Ausgewogenheit ist überhaupt in erfüllend gelebter Religiosität sehr wichtig. Nicht einseitiger Fanatismus führt zu Erkenntnis und tiefem Glauben, sondern Ausgewogenheit zwischen Innerlichkeit und Weltoffenheit, zwischen Ruhe und Aktivität, zwischen sich selbst mögen und andere mögen, zwischen geistiger Tätigkeit und körperlich-praktischer Tätigkeit, usw.. Das chinesische Symbol des Yin-Yang zeigt, wie ausgewogene Gegensätze eine runde Ganzheit bilden können.

Gemeinschaft

In allen Religionen sind Erlebnisse in Gemeinschaft wichtig. Im Christentum sagt Christus: "Wo zwei oder drei in meinem Namen versammelt sind, da bin ich mitten unter ihnen!", im Buddhismus gibt es Belehrungen, die man von Mensch zu Mensch erhalten muss (also nicht allein den Schriften entnehmen kann), auch tiefe Meditation ist anfänglich ohne Anleitung und Betreuung durch einen Meister nicht ungefährlich und kann in die Irre führen. In allen Religionen gibt es Veranstaltungen, die dazu dienen, den Anhängern der Religion ihre Inhalte in Gemeinschaft zu vermitteln und gemeinschaftlich zu erleben.

Leider gibt es auch Menschen, die dieses Gemeinschaftserlebnis ausnützen und Sekten gründen, in denen sie von ihren Mitgliedern vor allem das Geld nehmen und ihnen dafür jede Freiheit entziehen. Hier kann das Gemeinschaftserlebnis zu einer Art Droge werden, von der man immer mehr will und einen immer höheren Preis zahlt. Ich glaube, je mehr mir ein scheinbar religiöses Erlebnis das Gefühl gibt, nur in dieser religiösen Gemeinschaft leben zu können und es außerhalb nicht mehr aushalten zu können, desto mehr geht diese Erfahrung an der Wahrheit vorbei. Wahre religiöse Erlebnisse öffnen und befreien, sie lassen mich auch offener auf Menschen zugehen, die nicht zu meiner religiösen Gemeinschaft gehören.

Im Religiösen erlebt man Dinge, die nicht genau mit Worten beschreibbar sind. Dennoch ist es wichtig, diese Dinge mit anderen Menschen zu teilen, damit ich mich nicht in eigene falsche Ansichten einspinne. In einer religiösen Gemeinschaft aber kann ich spüren, dass andere Menschen, mit denen ich zusammen bin, auch das mit Worten Unbeschreibliche erleben. Es ergibt sich eine Art wortlose Verbindung, und man erfährt, dass man nicht alleine das Unaussprechliche wahrnimmt. Dies kann eine sehr tiefe Erfahrung sein. Meine Einzelsicht wird so zu einer weiter tragenden Schau vereint und bekommt verändernde Kraft.

Gebet, Meditation, Wallfahrt, Zeremonien, Rituale, Orte

Um das Geheimnisvolle allein oder in Gemeinschaft spüren zu können, sind verschiedene Wege entwickelt worden. Sowohl allein als auch in Gemeinschaft kann man z.B. beten oder meditieren. Das Gebet oder die Anrufung sind mehr ein Gespräch mit Gott, göttlichen Aspekten, Maria, Heiligen, Buddhas usw., die Meditation, oder auch die christliche Andacht, ist mehr eine stille innere Schau des Geheimnisvollen, der Weite.

Im Gebet spricht man ein Gegenüber an, das nicht greifbar vorhanden ist, sondern nur im Geiste. Gebete können sehr verschieden aussehen. Sie können mehr einer allgemeinen Sehnsucht Ausdruck verleihen, sie können festgelegt Worte enthalten (z.B. das "Vater unser...") oder sie können ganz persönliche Fragen oder Bitten enthalten. Manche Menschen wissen nicht so recht, ob sie wirklich mit jemanden reden, oder nur für sich selbst, andere spüren eine deutliche klare Antwort, wieder andere fühlen, dass sie durch das Gebet eine Nähe spüren, die sie weiter, offener, freier macht, die ihnen Angst und Sorgen nimmt oder lindert. Manche Menschen können erzählen, dass sich nach Gebeten in ihrem Leben Veränderungen ergeben haben und sie glauben fest daran, dass die Gebete "erhört" wurden, d.h. dass Gott geantwortet hat und ihnen eine Bitte erfüllt oder eine Frage beantwortet hat. Die Gebete gibt es wohl in allen Religionen. Ob es ein Gespräch mit etwas außerhalb von mir oder mit etwas in mir ist, oder mit etwas was außerhalb und innerhalb ist, das möchte ich hier offen lassen. Es ist auch nicht immer so wichtig, alles gleich mit dem Verstand zu verstehen, denn dann verschwindet das Geheimnisvolle gerne schnell. Erst wenn ich gelernt habe, auch mit meinem Verstand das Geheimnisvolle mit einzubeziehen, ihm Raum zu geben, dann kann ich auch sinnvoll über solche Fragen sprechen.

Es gibt das Gebet, das ich selbst formuliere und es gibt vorgegebene Gebete. Es gibt auch die Form der langen Wiederholung vorgegebener Gebete, z.B. den Rosenkranz oder das buddhistische Mantra. Es sind kurze, immer wieder wiederholte Anrufungen. Die meisten Menschen werden es nicht schaffen, jede einzelne Anrufung ganz bewusst zu sprechen, es wird vielmehr ein automatischer Ablauf. Trotzdem kann er in einen anderen Geisteszustand überführen, der geweitet und offener ist, wie z.B. in einer Andacht. In einer Andacht können Gebete wiederholt werden, außerdem wird dabei oft ein religiöses Thema in Stille oder in gemeinsamen Anrufungen (evt. mit vorheriger Darstellung in Erzählung oder Predigt) offen und staunend bedacht. Eine bildliche Darstellung, z.B. von der Gottesmutter Maria, kann hilfreich sein.

Die Meditation ist vielleicht der christlichen Andacht etwas nahe. Es gibt aber sehr unterschiedliche Meditationen. Wichtig ist das offene "Wachsein" oder "Gewahrsein", das sich zwar öffnet und weitet aber zugleich sich doch nicht von den kleinen Gedanken der alltäglichen Sorgen ablenken lässt. Es gibt Meditationen, in denen ein bestimmtes Thema, ein bestimmtes Bild vergegenwärtigt wird, oder Meditationen, die sich ganz auf das Atmen konzentrieren, oder ganz tiefe Meditationen, in denen jeder Gedanke aufhört und nur noch Gewahrsein, Wachheit und Weite da sind. Eine gute Meditation macht nicht entrückt und weltfremd, sondern frisch, lebendig und beweglich.

Während das Beten und die Andachten in der christlichen Kirche durch Anschauung vermittelt werden, d.h. man lernt es, indem man mitbekommt, wie es andere machen, so wird im Buddhismus das Meditieren über lange Zeit und durch viele Unterweisungen nach und nach immer tiefer gelehrt. Es gibt dort Menschen, die alleine in einer Höhle über viele Jahre meditieren. Es kann sein, dass sie dies bis an ihr Lebensende tun, es kann aber auch sein, dass sie nach Jahren damit aufhören oder es unterbrechen, um plötzlich viel unter Menschen zu sein und selbst viele Belehrungen zu geben (allerdings werden sie weiterhin einige Stunden des Tages der Meditation widmen). Das zeigt deutlich, dass Meditation nicht zu Weltabgewandtheit führen muss, sondern ein ausgesprochen aktives Leben zur Folge haben kann. Die Meditation vermittelt eine tiefe innere Ruhe und Weite, die eine große Kraftquelle und auch eine Quelle großer Weisheit sind. Die alltäglichen und nicht-alltäglichen persönlichen Sorgen erscheinen viel kleiner in dem viel größeren Rahmen, sie bekommen ihre ihnen angemessene Bedeutung und sind nicht mehr in der Lage, uns unnötig zu belasten. So werden wir frei für das Wesentliche.

In vielen Religionen gibt es, was wir im christlichen Bereich "Wallfahrt" nennen, das heißt man macht sich (früher oft den ganzen Weg zu Fuß) auf den Weg zu einer besonderen, zu einer heiligen Stätte, die besondere Kraft haben soll und wo sich meist auch viele andere gläubige Wallfahrer finden. Diese Wallfahrt kann als Dank für eine erfüllte Bitte versprochen gewesen sein, oder sie dient erst dazu, eine Bitte vorzutragen, oder sie ist einfach für sich selbst ein Ausdruck religiösen Lebens. Der Weg, auf dem auch oft immer wieder und wieder Gebete wiederholt werden, der sich dehnt und oft einen weiten Blick über die Berge gewährt, dieser Weg ist Weite, Ausdehnung, aber auch Veränderung, Bewegung. Und so können sich auch das Herz und der Geist der wallfahrenden Pilger weiten und verändern, so kann das Leben vielleicht auf einmal unter einem neuen Blickwinkel gesehen werden, es kann eine neue Richtung bekommen. Und Wallfahrtsorte haben eine Kraft, die sie auf uns ausstrahlen - man kann dies psychologisch erklären oder spirituell, wie man will - aber diese Ausstrahlung ist auf jeden Fall da. So können Wallfahrten einen festgefahrenen Lebensweg auflockern. Von vielen Wallfahrtsorten werden auch Wunder-Heilungen berichtet - etliche bezweifeln sie, aber viele glauben auch daran. Wie dem auch sei, ein "sich auf den Weg machen", das Erleben neuer Weite, die Gemeinschaft der Wallfahrer, ihr Glaube, das alles kann in mir viel verändern, kann, wenn ich es zulasse, heilsam in die Tiefe wirken.

Um gemeinsam den Geist des Religiösen zu erleben gibt es in aller Welt Rituale und Zeremonien. In ihnen wird gebetet und/oder es wird ein Aspekt der religiösen Wahrheit vor Augen geführt, es wird Gemeinschaft erlebt. Im christlichen Bereich sind dies vor allem die Gottesdienste, die - so zumindest früher - jeder Gläubige wenigstens am Sonntag besuchen sollte. Es wird gebetet und gesungen und eine Stelle aus den Evangelien (der Erzählung von Christi Leben und seine Lehren) vorgelesen, die dann durch den Pfarrer in der Predigt mit unserer heutigen Zeit in Verbindung gebracht wird. Anschließend geschieht in der Wandlung die Verwandlung von Brot und Wein in Leib und Blut Christi, als Zeichen, dass sich Jesus Christus am Kreuz für uns geopfert hat (äußerlich ist die Wandlung nicht sichtbar, es ist ein inneres, geistiges Mysterium, das nur dem Gläubigen sich erschließt). Dann wird das Brot, manchmal auch der Wein, an die Gläubigen verteilt, die es zu sich nehmen und so eine enge Gemeinschaft untereinander und mit Gott bilden.

Im Buddhismus gibt es viele Zeremonien und Rituale, mit denen ich aber nicht genau genug vertraut bin, um sie eingehender und tiefer beschreiben zu können. Nur eines aus Tibet möchte ich erwähnen: in einer Zeremonie wird eine Puppe, das Ego, das an sich selbst haftende Ich, zerstört, als Symbol für die Zerstörung des uns gefangen haltenden Ichs. Wenn wir uns von diesem klammernden Ich befreien, dann können wir uns öffnen und werden weit und frei (auch Jesus Christus hat das "Ich" nicht festgehalten, bei seinem Tod am Kreuz hat er weder an seinem Gott-sein, noch an seinem Mensch-sein angehaftet: er hat seine göttliche Macht nicht gebraucht, um sich zu befreien, und er hat "ja" zu seinem Tod gesagt. Er war nur noch Liebe und ist in ihr auferstanden).

In vielen Religionen (in der christlichen allerdings kaum) spielt der Tanz eine Rolle (ganz viel in den Naturreligionen). Er kann stark ritualisiert sein und etwas verbildlichen (z.B. in Tibet), oder er kann freier und oft sogar ekstatisch sein, d.h. zumindest manche der Tanzenden fallen in eine Art Rauschzustand (in Ekstase), in dem sie andere Dinge als sonst wahrnehmen können, manche, so heißt es, können dann auch die Zukunft vorhersagen oder andere heilen.

Das Heilen spielt übrigens in allen Religionen eine mehr oder weniger wichtige Rolle. Das liegt wohl daran, dass wir krank werden, wenn wir zu eng in unseren diesseitigen, ichbezogenen Sorgen gefangen sind und nicht mehr den größeren Sinn, den weiteren Zusammenhang erkennen können. Daher kann Religion heilen, da sie wieder zur Weite öffnen kann.

Religionen haben meist auch einen Moralkodex, d.h. sie sagen, was gut, was schlecht, was erstrebenswert, was zu meiden ist. Da in der Religion größere und tiefere Zusammenhänge gesehen werden, so ist es auch verständlich, dass aus dieser Warte auch besser gesehen wird, welche Wege richtig sind. Trotzdem gibt es wohl in allen Religionen Punkte oder Zeiten wo das eine oder andere zu eng gesehen wird, oder etwas zu wichtig genommen wird. Das liegt daran, dass ja Menschen die Religionen ausführen und vertreten, und die sind fast immer fehlerhaft. Trotzdem sind die meisten wichtigeren religiösen Werte, wie z.B. die Achtung des Nächsten, wichtig und wertvoll.

Wenn wir falsch gehandelt haben, so legen uns die Religionen nahe, dies zu bereuen und zu versuchen, es wieder gut zu machen. Im christlichen Bereich gibt es dafür die Beichte mit anschließender Buße. D.h. man muss z.B. einem Priester sagen, was man falsch gemacht hat, man muss empfinden, dass es einem leid tut, und man muss anschließend eine kleine Buße tun, z.B. einige Gebete sprechen. Dies kann sehr befreiend, erlösend wirken. Leider ist mit der Beichte auch Missbrauch betrieben worden, sind Menschen ihrer eigenen Gewissensfreiheit beraubt worden. Sie wurde oft zum Zwang (z.B. einmal die Woche) und das, was als falsch galt, wurde zu eng vorgeschrieben. Vieles wurde gebeichtet, was vielleicht in dem Zusammenhang in dem es geschehen war, gar nicht so schlimm war, dagegen anderes, das eigentlich eine viel tiefere Boshaftigkeit enthält, wurde übersehen. Dies gehört aber überwiegend der Vergangenheit an. Ob es wirklich wichtig ist, dass eine Beichte vor einem Priester stattfindet (die katholische Kirche fordert das), oder ob es ein anderer Mensch auch sein kann, oder ob eine ehrliche Innenschau denselben Zweck erfüllen kann, das wage ich nicht zu entscheiden. Ich möchte es hier nur zur Diskussion stellen.

In fast allen Religionen gibt es Opfer - kleine und große, ganz persönliche oder im großen Rahmen und mit ausführlicher Zeremonie. Opfer heißt etwas weggeben oder etwas tun, für jemanden anderen oder für die Götter. Ich denke der wichtige Punkt beim Opfern ist das Loslassen, das nicht festhalten müssen. Ich kann etwas von mir anderen übergeben. Das kann befreiend wirken. Oft ist auch der Gedanke mit einem Opfer verbunden, sich Gott oder die Götter freundlich zu stimmen, so dass sie mir die Erfüllung einer Bitte gewähren. Ob es die Götter sind die eine Bitte erfüllen oder ob sich dabei etwas in mir ändert, so dass dadurch sich auch außerhalb etwas ändert, das kann ich nicht sagen. Hier ist wieder die offene Frage, wie weit und tief alles mit allem zusammenhängt.

Für religiöse Handlungen gibt es meist spezielle Orte, so z.B. im Christentum die Kirchen. Es sind Orte, die durch Lage, Gestaltung, durch Bilder und Beachten von Vorschriften (z.B. Stille einhalten) eine besondere Atmosphäre ausstrahlen und so es uns leichter machen, einen weiten, aufnahmefähigen Geist zu erhalten. Sie schirmen uns ab, von den Sorgen und der Hektik des Alltags und verweisen auf Größeres, Umfassenderes und Geheimnisvolles.

Menschen, denen dies besonders wichtig ist, die ziehen sich oft in die Einsamkeit zurück, oder sie gehen in ein Kloster, wo sich ebensolche Menschen zusammenfinden, und die dort eine Umgebung schaffen, die besonders geeignet ist, ungestört die Schau des Wesentlichen in ihrem Leben an den ersten Platz zu stellen.

"Unglauben"

Früher gab es hin und wieder, heute gibt es sehr oft Menschen, die sagen, sie könnten an nichts glauben, an keinen Gott, an keine letzte Wahrheit, an nichts Spirituelles usw.. Oft haben sie sich nicht ganz klar Gedanken darüber gemacht, was sie wirklich nicht glauben. Ob sie z.B. nur das Vertrauen in die christliche Amtskirche verloren haben, z.B. weil diese ihrer Meinung nach zu sehr auf Geld und Macht schaut, oder ob sie grundsätzlich ablehnen, dass es irgend etwas Göttliches oder Spirituelles, Geistliches gibt. Es gibt auch alle Zwischenstufen und beim einzelnen kann das auch noch von Zeit zu Zeit sich verändern.

Die "Ungläubigen" können manchmal ziemlich spöttisch über alles Spirituelle und Religiöse reden. Aber das ist nicht nur als schlecht anzusehen (wenn es früher die Kirche auch so sah), selbst wenn man es vom religiösen Standpunkt aus betrachtet. Einmal zwingen die "Ungläubigen" die religiösen Menschen, sich deutlicher klar darüber zu werden, was genau sie eigentlich glauben, und was ihnen die Religion bedeutet. Auf der anderen Seite ist es meiner Ansicht nach viel besser, wenn ich nicht verstehe, wovon die Religionen reden, oder wenn ich es nicht akzeptieren kann, dass ich Abstand nehme. Aus dem Abstand kann ich dann viel klarer sehen, und vielleicht sogar eines Tages wieder einen Teil annehmen, aber dann mit viel mehr Überzeugung.

In einer Religion besteht für deren Anhänger die Gefahr, dass mit der Zeit alles automatisch wird und selbstverständlich. Es wird z.B. nicht mehr mit dem Herzen gebetet, nur noch mit den Lippen, Begriffe wie "Gott" oder "Liebe", "Mitgefühl", "Geist", usw. bedeuten nicht mehr wirklich etwas. Die Alltagsgewohnheit hat sich überall eingestellt, und auch die Religion ist keine Herausforderung mehr, um Abstand zu nehmen und aus größerer Weite und

Tiefe alles neu zu betrachten. Dann ist die Religion nur noch eine tote Hülle. Dies kann bei einem einzelnen der Fall sein oder auch bei großen Gruppen, ja sogar bei offiziellen Vertretern einer Religion. In so einem Fall können "Ungläubige" sogar eine heilsame Herausforderung sein und ganz wichtig für die Religion.

Religionen können auch sehr eng werden, sie versuchen dann das Weite, das Geheimnisvolle zu sehr greifbar, zu offensichtlich, zu deutlich zu machen. Sie behaupten dann, es sei eindeutig so und so. Da können manche Menschen zu Recht das ursprünglich Wesentliche nicht mehr finden. Ich gebe jetzt ein übertriebenes - so nie vorgekommenes Beispiel: Würde die christliche Kirche sagen: ihr müsst euch Gott Vater als alten weißen Mann mit grauen Haaren und langen Bart vorstellen - kurze Haare ohne Bart und schwarze Hautfarbe ist schon verkehrt - dann wären die meisten Menschen, ganz richtig, nicht in der Lage, das zu verstehen, zumal wir uns Gott gar nicht wirklich bildlich vorstellen können, da er größer und anders ist, als alles was wir denken können.

Wie genau muss eine Religion beschreiben, wovon sie spricht? Das ist nicht einfach zu beantworten. Sind Unterschiede wie zwischen Christentum und Buddhismus notwendig, so z.B. dass das Christentum sagt, es gibt einen Gott, der die Welt erschaffen hat, der Buddhismus dagegen, es kann Gott geben, aber er kann nicht die Welt erschaffen haben, da es keine allein aus sich bestehende allererste Ursache geben kann - sind solche Unterscheidungen wichtig? Und wer hat in welcher Weise Recht? Hat einer überall, oder nur im Hinblick auf bestimmte Gesichtspunkte Recht? Ist dann der andere ganz im Unrecht, oder beschreibt er alles nur mit einem anderen Bild? Kann es dort, wo es um das Geheimnisvolle, um die große Weite, um das mit Worten Unbegreifliche geht, kann es dort überhaupt Widersprüche geben, die mit Worten auszudrücken sind'?

Ich denke, es ist nicht verkehrt, sich selbst offen zu halten. Man kann ja eine Religion tief verstehen und muss deswegen nicht gleich die andere, auch wenn sie auf den ersten und vielleicht auch auf den zweiten Blick etwas anderes erzählt, man muss sie nicht gleich für falsch halten. Ich kann sagen, ich verstehe die Bilder der anderen nicht so gut, ich kann nicht in ihre Tiefe eindringen, also kann ich auch nicht sagen, ob sie wahr sind oder nicht. Es kann sein, dass ich heute nicht verstehe und dass ich morgen den Sinn erkenne. Dann kann es auch einmal passieren, dass ich zeitweilig die neue Religion für besser halte. Aber ich sollte nicht gleich die alte verurteilen, sondern neu darüber nachdenken, was kann ich weiterhin für mich akzeptieren, was kann ich nicht mehr für wahr halten. Und auch dies kann sich mit der Zeit wieder ändern. Ich sollte mir eine eigene Meinung bilden, aber ich sollte mir bewusst sein, dass sie vielleicht nicht die allerletzte, endgültige ist. Ich sollte aber auf mein Innerstes vertrauen und darauf, dass, wenn ich es auch nicht genau in Worte fassen kann, es Anteil am Wesentlichen hat.

Der Wert des Menschen in der heutigen Zeit

Die Religionen haben seit langer Zeit wichtige Aufgaben zu erfüllen. Sie verbinden mit dem Wesentlichen und zugleich weiten sie. Aber heute wird eine Aufgabe besonders wichtig: sie können das Wunderbare des Menschen (und auch der Natur) aufzeigen.

In unserer Zeit wird der Mensch immer mehr gesehen als verwaltbar, als berechenbarer manipulierbarer Wirtschafts-faktor, als Steuerzahler, usw.. D.h. der einzelne ist nicht mehr wichtig. Computer rechnen aus, was wie viele Menschen wollen, Werbung bringt sie dahin, das zu tun, was die Wirtschaft will, die Medien zeigen, wie man zu sein hat, was "in" ist. In der Medizin wird der Mensch in immer mehr Teile zerlegt und nur noch diese Teile und die Blutwerte werden angeschaut und behandelt. Der Mensch hat einen berechenbaren Wert wie eine Maschine.

Es ist Zeit, dass wir den Menschen wieder als Ganzes sehen, als letzten Endes immer geheimnisvoll, als lebendig, nie ganz ins letzte berechenbar, als der Liebe und des Mitgefühls fähig, die eine Kraft jenseits jeder Berechenbarkeit sind. Sie haben Anteil an der Weite des Universums und darüber hinaus, sie können das Wesentliche schauen und sie können staunen. Und auch die Natur hat Anteil am Wunderbaren, so sehr berechenbar und beherrschbar sie uns zeitweilig auch scheint - längerfristig erweist sich diese kurzfristige Berechenbarkeit und Beherrschbarkeit als großer Irrtum. Wir schaffen uns eine Welt, die erst so frei erschien, die aber jetzt immer mehr in Berechenbarkeit erstarrt. Diese Starrheit wird notwendigerweise früher oder später zu schweren Brüchen führen, vieles wird vielleicht auf einmal nicht mehr so funktionieren, wie es vorhergesagt wurde.

Unseren Blick zu weiten, wieder lebendig, beweglich und geistvoll zu werden, dazu können uns die Religionen helfen. Wir müssen nur verstehen lernen, was ihre Lehren für unsere Zeit bedeuten, und das ist nicht immer gleich so einfach zu sagen. Auf jeden Fall: Wenn es nichts Geheimnisvolles mehr gibt, dann hat auch der Mensch nur noch einen kalkulierbaren Wert. Für Lebendigkeit, Geist, Licht und Glück brauchen wir aber die Weite der unberechenbaren Offenheit. Wir fangen langsam an, dies wieder besser zu verstehen und so können wir vielleicht auch die Jahrtausende alten Religionen in neuer Lebendigkeit erfahren.

Religion ist Weite

Heute verbinden leider zu viele Menschen Religion vor allem mit Zwang und schlechtem Gewissen, mit früheren Drohungen und Angst vor der Hölle. Wenn das so ist, so ist es vielleicht wirklich besser, wenn diese Menschen zu "Ungläubigen" werden, denn wenn sie "Gläubige" bleiben, werden sie vielleicht nie eine Chance haben, sich aus diesem "Gefängnis" der Angst - das nichts mit wahrem Glauben zu tun hat - zu befreien.

Eine Gefahr bei vielen Religionen ist auch, dass die Menschen beginnen, zu anderen Menschen nur gut zu sein, weil es die Religion vorschreibt. Es kann sogar ein verblendeter Ehrgeiz und Eifer dahinter stecken, besser sein zu wollen, als die anderen. Es ist manchmal gar nicht so leicht zu erkennen: geht es wirklich um den anderen und darum ihm zu helfen, oder geht es eigentlich um mich und darum, mich reich mit "Nächstenliebe" zu schmücken, mich auszuzeichnen. Letzteres hat aber mit echter Nächstenliebe und wahrem Mitgefühl gar nichts zu tun. Diese wachsen nämlich aus dem Gefühl, dass wir alle zusammengehören, dass das Leid eines anderen für mich genauso schmerzhaft ist wie mein eigenes. Ich helfe dann so natürlich und selbstverständlich, wie ich mir selbst auch helfen würde. Und ich würde nicht darauf achten, ob meine Verdienste für den Himmel zählen oder ob sie ein besseres Karma bewirken.

Der Glaube an die Liebe, Güte und Barmherzigkeit Gottes kann mir Vertrauen geben (vorausgesetzt ich entscheide mich nicht aus freien Stücken für das abgrundtief Böse - aber ich bezweifle, dass dies überhaupt jemand tut), ein Vertrauen, dass alles sich im letzten zum Guten wendet, auch wenn ich nicht immer alle Forderungen erfüllen kann, auch wenn ich oft selbstsüchtig und schwach bin. Und die buddhistische Vorstellung, dass letzten Endes alles eins ist, kann auch meine Ängste vor einem schlechten Karma nehmen, denn es gibt einen Bereich, in dem ich immer mit allem vereint bleibe und wo ich immer - wenn auch nicht sofort auf der Stelle - die Möglichkeit zu grenzenloser Glückseligkeit habe. Der Buddhismus glaubt auch, dass die wahre Natur des Menschen und die aller Wesen gut ist, dass unsere Buddha-Natur immer vorhanden ist, auch wenn sie meistens mehr oder weniger durch Unwissenheit und Verblendung verdunkelt ist. Aber sie kann nie ganz verlöschen.

So können Religionen den Weg zur Weite zeigen, zu einer Weite, die, obwohl unendlich, doch alles ganzheitlich umschließt. Eine Weite, die mich frei macht und mir zugleich Geborgenheit schenkt. Eine Weite, die aufatmen lässt und spielerische Lebensfreude schenkt. Eine Weite die mich öffnet und zugleich mich zu meinem wahren Selbst finden lässt. Eine Weite, die über jede Begrenzung durch Worte und Begriffe hinausgeht, eine Weite, die mich ein tiefes inneres Glück verspüren lässt, eine Weite, in die hinein ich mich, ohne mich zu verlieren, frei und natürlich voll Vertrauen ganz öffnen kann, in der ich geborgen bin und mich auch für andere öffnen kann.